Franz M. Wuketits

Zivilisation in der Sackgasse

Plädoyer für eine artgerechte Menschenhaltung

Haben Sie Fragen an Professor Wuketits?
Anregungen zum Buch?
Erfahrungen, die Sie mit anderen teilen möchten?

Nutzen Sie unser Internetforum:
www.mankau-verlag.de

März 13

mankau

Bibliografische Information der Deutschen Nationalbibliothek
Die Deutsche Nationalbibliothek verzeichnet diese Publikation in
der Deutschen Nationalbibliografie; detaillierte bibliografische
Daten sind im Internet über http://dnb.d-nb.de abrufbar.

Franz M. Wuketits
Zivlisation in der Sackgasse
Plädoyer für eine artgerechte Menschenhaltung

ISBN 978-3-86374-054-2
1. Auflage 2012

Mankau Verlag GmbH
Postfach 13 22, D-82413 Murnau a. Staffelsee
Im Netz: www.mankau-verlag.de
Internetforum: www.mankau-verlag.de/forum

Lektorat: Friederike Lutz, München
Endkorrektorat: Dr. Thomas Wolf, MetaLexis
Gestaltung Umschlag: Kathrin Steigerwald, Hamburg
Gestaltung Innenteil: Sebastian Herzig, Mankau Verlag GmbH

Druck: Druckerei C. H. Beck, Nördlingen

Der Innenteil dieses Buches wurde auf Recyclingpapier gedruckt.

Was man haßt, ist die Gewalt in der vierten oder
fünften Hand. Es ist das Vorzimmer einer Behörde,
das schlechte Stimmung erzeugt.

Voltaire

Das ist der Weisheit letzter Schluß: Nur der verdient
sich Freiheit wie das Leben, der täglich sie erobern muß.

Johann Wolfgang von Goethe

Das auffälligste Kennzeichen für das Pathologische
unserer Spezies ist der Gegensatz zwischen ihren
einzigartigen technologischen Leistungen und ihrer
ebenso einzigartigen Unfähigkeit, ihre sozialen
Probleme zu meistern.

Arthur Koestler

INHALT

Vorwort...9

Einleitung: Wozu dieses Buch?........................15

1. DER GEBORENE NOMADE 25

Unsere „äffische" Abkunft...............................26

Jäger und Sammler...31

Afrika und die Besiedlung der Erde..............35

Vorteile der Sesshaftigkeit............................ 40

2. DAS GEBORENE KLEINGRUPPENWESEN 45

Wie viele Menschen verträgt ein Mensch?.............46

Ich und der Rest der Welt 51

Wir und der Rest der Welt.............................54

Das kleine vertraute Band.............................59

3. DIE ZIVILISATION –
EIN IRRTUM DER EVOLUTION?............................ 65

Vom Nutzen und Nachteil
zivilisierten Lebens......................................66

Die Kosten der Zivilisation oder die
„Verhausschweinung" des Menschen..................... 73

Unsere Natur ist nicht zu beschwindeln 77

Die Zivilisation ist uns einfach passiert.............87

4. DIE VERMASSUNG DES INDIVIDUUMS.............. 93

Der Massenmensch – Fiktion und Wirklichkeit ... 95

Masse und Einsamkeit.................................104

Utopien der Menschenzüchtung............................108
Das Elend des Individuums
in der verwalteten Welt.................................116

5. *EINE FATALE BESCHLEUNIGUNG*.....................125
Ein Jahrhundert verändert die Welt......................127
Das Ende der Langsamkeit 137
Der Beginn des Geschwindigkeitswahns..............141
Die Stunde der Planer und Macher......................152

6. *EINE BESINNUNG AUF DAS „MENSCH-SEIN"*.. 163
Was will ein Mensch?.......................................165
Strategien der Entmündigung –
gestern und heute..168
Mythos Globalisierung 172
Gegenstrategien...183

7. *ARTGERECHTE MENSCHENHALTUNG*..............191
Was anderen Tieren zusteht,
steht auch Menschen zu....................................193
Eine Rebellion ist überfällig................................200
... wobei jede kleine, stille Revolte helfen kann.. 204
Habe Mut, dich deiner Gefühle zu bedienen!....... 219

Glossar 227
Literaturverzeichnis 241
Personen- und Sachregister 257

VORWORT

In den zivilisierten Ländern westlicher Prägung sind, verschiedenen Quellen zufolge, bis zu fünfundzwanzig Prozent der Menschen psychisch krank. Auch wenn sich eine „psychische Erkrankung" oft nicht sehr präzise bestimmen lässt – durch Stress bedingte Krankheiten, Depressionen und das Burnout-Syndrom sind deutlich auf dem Vormarsch. Viele Menschen sind in der heutigen maßgeblich vom ökonomischen Imperativ bestimmten Lebenswelt überfordert. Berufs- und Alltagsleben verlangen vom Einzelnen oft ein Tempo und eine Flexibilität, die dem Menschen als Gattung nicht entsprechen. Die neuerdings viel gebrauchte Metapher vom globalen Dorf verwischt die Tatsache, dass der individuelle Mensch als reales Subjekt nicht global, sondern nur in seinem eigenen kleinen Mikrokosmos zu existieren vermag.

Die Evolutionsgeschichte des Menschen umfasst einen Zeitraum von rund fünf Jahrmillionen, für die Entwicklung der technischen Zivilisation im heutigen

Sinn reichte praktisch ein Jahrhundert. Zweifelsohne ist der Mensch ein sehr anpassungsfähiges Lebewesen, diesem Umstand verdankt er seinen bisherigen Evolutionserfolg. Aber auch seiner Anpassungsfähigkeit sind Grenzen gesetzt. Die längsten Etappen seiner Evolution verbrachte der Mensch als Jäger und Sammler in kleinen Gruppen, heute leben die meisten Menschen in anonymen Massengesellschaften. Sie flüchten in Millionenstädte, die längst aus allen Fugen zu geraten drohen, arbeiten in Großkonzernen, ohne den „Sinn" ihrer (obendrein häufig unzulänglich bezahlten) Leistung noch zu erkennen, gehen familiärer Bindungen verlustig und fühlen sich nutzlos und ausgebeutet zugleich. Politik und Wirtschaft nehmen auf das Individuum und seine Bedürfnisse anscheinend überhaupt keine Rücksicht mehr. Das Ergebnis sind „entwurzelte Seelen". (Wer will, kann hier auch das häufig strapazierte Wort „Identitätsverlust" verwenden.)

Diese Tendenzen wurden inzwischen natürlich vielerorts erkannt. Das vorliegende Buch soll daher keine Zivilisationskritik im herkömmlichen Sinne sein. Es weist vielmehr den fundamentalen Widerspruch zwischen dem auf, was der Mensch seiner eigenen Natur zufolge ist und was die heutige Zivilisation von ihm verlangt. Vor allem aber zeigt es Wege aus dem Dilemma auf, in welches sich der Mensch in den letzten Jahrzehnten hineinmanövriert hat. Nicht zuletzt soll es die wahre Bedeutung des Individuums und der Individualität hervorkehren. Allerorten sind heute Organisations- und Kontrollmenschen am Werk, an Profit und Kapital orientierte Planer und Macher, die nichts anderes im Sinn haben, als den Einzelnen zu entmündigen und der Möglichkeiten seines Wohlbefindens zu berauben. Ihnen gilt es die Stirn zu bieten – und zwar gerade im Interesse des individuellen Wohlergehens. Schließlich kann es auch einer Gesellschaft nur dann gut gehen, wenn es ihren Individuen gut geht.

Diejenigen von uns, die Sympathien zu Tieren hegen, machen sich längst Gedanken über deren Wohlbefinden und Wohlergehen. Sie plädieren für eine „artgerechte" Haltung insbesondere unserer Heim- und Nutztiere. *Ich plädiere analog dazu für eine „artgerechte Menschenhaltung".* Das bedeutet zuallererst, dass wir die – teils bahnbrechenden – Erkenntnisse über den Menschen ernst nehmen müssen, Erkenntnisse, die in den vergangenen Jahrzehnten in Disziplinen wie Evolutionsbiologie, Verhaltensforschung, Soziobiologie oder Anthropologie über unsere Art zusammengetragen wurden. Solang gesellschaftliche, politische und ökonomische Strukturen an diesen Erkenntnissen vorbeigehen, ist ein weiterer Verlust von „Menschlichkeit" (im doppelten Sinn des Wortes) vorprogrammiert – mit unabsehbaren Folgen für den Einzelnen wie für die Kollektive. Wir können natürlich nicht in die Steinzeit zurückkehren. Zu überlegen ist aber, wie wir die heutige Lebenswelt gestalten wollen, um dem „Steinzeitmenschen in uns" gerecht zu werden. Dazu soll dieses Buch einige Impulse liefern.

Es ist ein Sachbuch, gedacht für einen breiten Kreis kritischer Leser, die ihr eigenes Unbehagen darin formuliert finden und dazu ermuntert werden sollen, neue Wege in der Entwicklung unserer Zivilisation zu erkennen. Ich werde sowohl meine Analyse und Kritik als auch meine „Verbesserungsvorschläge" anhand konkreter Beispiele vortragen, die gut nachvollziehbar sind. Letztlich soll jedem Einzelnen klar werden, dass die Strukturen, die es „aufzubrechen" gilt, auch seiner eigenen Einsicht und Initiative bedürfen. Man kann dieses Buch auch als einen längeren Essay lesen. Es bietet keine „letzten Wahrheiten" an, sondern greift Probleme auf, die vielen von uns gleichsam unter den Nägeln brennen, aber nicht „mit einem Schlag" gelöst werden können. Doch bekanntlich beginnt auch eine Reise von tausend Meilen mit einem ersten Schritt.

Auf den akademischen Fachjargon werde ich daher weitgehend verzichten; wo die Einführung von Fachbegriffen vonnöten ist, sind diese im Text und später im Glossar in aller gebotenen Kürze und Präzision erklärt. Das Glossar verfolgt obendrein den Zweck, dem Leser anhand bestimmter Begriffe weiterführende Informationen zu liefern und einige Begriffe in dem hier speziell verwendeten Sinn zu erklären. Längst unüberschaubar geworden ist die Literatur zu den in diesem Buch angesprochenen Wissensdisziplinen. Das Literaturverzeichnis, nach einzelnen Kapiteln des Buches gegliedert, enthält daher nur diejenigen Arbeiten, auf die ich im Text direkt Bezug genommen oder die ich als Hintergrundinformation benutzt habe. Interessierten Lesern können sie als weiterführende Lektüre dienen.

Noch ein paar Worte zur Gliederung des Buches. Die beiden ersten Kapitel geben einen knappen Abriss unserer Naturgeschichte und der Grundprinzipien, die unsere gesellschaftliche Entwicklung bestimmt haben

und nach wie vor unsere sozialen Beziehungen maßgeblich beeinflussen. Das dritte Kapitel befasst sich
kritisch mit unserer Zivilisation und zeigt, wie ihre
Erfordernisse mit unserer Natur zusammenprallen. Im
vierten Kapitel widme ich mich dem geplagten Individuum in unseren Massengesellschaften und einer zunehmend verwalteten und überregulierten Welt. Von
der fatalen Beschleunigung, die unsere Zeit kennzeichnet und den Einzelnen überfordert, handelt das fünfte
Kapitel, während das sechste Kapitel zur Besinnung
auf das „Mensch-Sein" einlädt (auf melodramatische
Effekte werde ich dabei allerdings weitgehend verzichten). Schließlich gebe ich im siebenten Kapitel dem Impuls, der mich dieses Buch zu schreiben veranlasst hat,
besonderen Ausdruck und plädiere für eine artgerechte
Menschenhaltung.

Ich darf dieses Vorwort mit einer kleinen Episode
schließen. Vor ein paar Monaten war ich zu einem
Vortrag an der Universität Klagenfurt eingeladen. Auf
dem Weg vom Bahnhof zu meinem Hotel und dann zur
Universität plauderte ich locker mit meiner Gastgebe-
rin, einer jungen Biologin. Beiläufig bemerkte sie, ihr
Vater – Dr. Martin Bertha, ein Arzt – habe gelegentlich gesagt, dass man für eine artgerechte Menschenhaltung plädieren müsse. Unmöglich konnte der gute
Mann vom vorliegenden Buch etwas geahnt, geschwei-
ge denn gewusst haben. Im Übrigen hatte Frau Aenne
Glienke von der Agentur für Autoren und Verlage schon
im Vorfeld meiner Überlegungen zu diesem Buch die
artgerechte Menschenhaltung ins Spiel gebracht. Das
Thema also liegt anscheinend in der Luft. Manchen

Lesern werde ich wohl aus der Seele sprechen. Es mag ihnen helfen, ihre eigenen Gedanken zu ordnen, manches in unserer heutigen Lebenswelt aus einer in gewisser Hinsicht vielleicht ungewohnten, aber erhellenden Perspektive zu betrachten und ihr Kritikvermögen zu stärken. Sollte das gelingen, dann ist der Zweck dieses Buches erreicht.

Franz M. Wuketits
Wien, im November 2012

EINLEITUNG: WOZU DIESES BUCH?

Der Mensch ist aus seiner gewohnten Welt
hinausgeworfen in eine fremdartige Umgebung.
Das selbstverständliche Vertrautheitsgefühl
mit den umgebenden Menschen und Dingen
ist verloren gegangen.
Otto Friedrich Bollnow

Es steht wohl außer Frage, dass Menschen so gut wie in jeder Epoche der Geschichte an ihrer Zeit etwas auszusetzen hatten, mit ihren Lebensumständen unzufrieden waren und sich eine „bessere Welt" wünschten. Jedes Zeitalter hat seine Mahner und Warner, seine Kritiker und Spötter.

In seinen *Unzeitgemäßen Betrachtungen*, entstanden in den Jahren zwischen 1873 und 1876, schrieb Friedrich Nietzsche (1844 bis 1900) Folgendes:

Und nun schnell ein Blick auf unsere Zeit! Wir erschre-
cken, wir fliehen zurück: wohin ist alle Klarheit, alle
Natürlichkeit und Reinheit jener Beziehung von Leben
und Historie, wie verwirrt, wie übertrieben, wie unru-
hig flutet jetzt dies Problem vor unsern Augen! Liegt
die Schuld an uns, den Betrachtenden? Oder hat sich
wirklich die Konstellation von Leben und Historie ver-
ändert, dadurch, dass ein mächtig feindseliges Gestirn
zwischen sie getreten ist? (Nietzsche 1983, S. 43)

Was die heutige Zeit betrifft, würde wohl mancher diese
Zeilen nahezu unverändert übernehmen. Allerdings
glaubt vermutlich kaum jemand, dass ein „feindseliges
Gestirn" zwischen unsere Gegenwart und Vergangenheit getreten sei. (Freilich gebrauchte auch Nietzsche
dabei bloß eine Metapher.)

In der heutigen Zeit – ich meine damit die letzten
paar Jahrzehnte – können wir allerdings Phänomene
beobachten, für die es in der ganzen Menschheitsgeschichte keine Präzedenzfälle gibt. Der Verlust der historischen Kontinuität ist eines dieser Phänomene. In
keiner Epoche war man auf Reformen und Innovationen so versessen wie jetzt. Alles muss verändert, umge-
baut, modernisiert, erneuert werden. Ob es sich dabei
um das Bildungssystem oder das Postwesen handelt,
um Bahnhöfe oder Flughäfen, um Einkaufszentren oder
Freizeitanlagen, um Dörfer und Städte – im Abstrakten
wie im Konkreten soll möglichst kein Stein auf dem anderen bleiben. Wie Thomas Bernhard (1931 bis 1989) in
seinem Stück *Heldenplatz* den Professor Schuster sagen
lässt:

... überall wird alles vernichtet überall wird die Natur vernichtet die Natur und die Architektur alles Bald wird alles vernichtet sein die ganze Welt wird bald nicht mehr wiederzuerkennen sein   (Bernhard 1988, S. 85)

Ja, alles soll in neue Formen gegossen und, wie es so schön heißt, den heutigen Bedürfnissen angepasst werden.

Die „heutigen Bedürfnisse" sind eine bloße Konstruktion, erfunden von unseren Planern und Machern, die damit ihren eigenen Innovationswahnsinn legitimieren wollen. Das gelingt ganz gut, weil die meisten Menschen diesen Wahnsinn mitmachen und – betäubt von einer dubiosen Fortschrittsideologie – gar nicht wahrnehmen (und nicht wahrnehmen sollen!), dass jene Bedürfnisse nicht ihre eigenen sind.

Das zweite Phänomen ist ein nie dagewesener Größenwahn: Eisenbahnzüge sollen immer schneller, Flugzeuge immer größer, Straßen immer breiter und Bauwerke immer höher werden. Niemand will an Grenzen, die Begrenztheit des Menschenmöglichen denken, alles scheint machbar. Wem aber die Superlative letztlich nutzen sollen, weiß keiner so recht. Auch lässt sich nicht schlüssig begründen, warum alles mit stets höherer Geschwindigkeit erledigt werden und alles kürzer dauern soll.

Damit sind wir beim dritten Phänomen: der Beschleunigung. Der Ausspruch „Alles zu seiner Zeit" hat heute keine Gültigkeit mehr, weil sich niemand Zeit lassen, Zeit nehmen darf. Der Münchener Philosoph und Pädagoge Karlheinz Geißler, der viel Zeit in dieses Problem investiert hat, spricht treffend von einem „Tempodrom". Er schreibt Folgendes:

> *Ungeduld, Unruhe, nervöse Erregung und Gereiztheit wachsen überall dort, wo nicht schnell genug informiert, wo zu langsam gegessen und zu zögerlich verstanden und reagiert wird. Redet ein Gesprächspartner zu langsam, setzt man ihn unter Zeitdruck und vervollständigt die von ihm begonnenen Sätze gleich selbst. Langsamesser, Genießer müssen mit vorwurfsvollen Blicken rechnen und es über sich ergehen lassen, in immer kürzer werdenden Abständen von der Bedienung mit forderndem Unterton gefragt zu werden, ob es ihnen denn wirklich auch schmeckt. Eltern beschimpfen ihre Kinder, die das Lernpensum nicht schnell genug absolvieren, und ermahnen sie, doch nicht ständig so „rumzutrödeln".* (Geißler 2012, S. 8)

In diesem Tempodrom finden Ruhe und Wohlbefinden keinen Platz. Aber man spricht ja heutzutage auch weniger von Wohlbefinden als von *Wellness*, das – in Verbindung mit *Fitness* – schon auf der sprachlichen Ebene jenen Ungeist charakterisiert, dem wir überall begegnen und der uns auf Schritt und Tritt gefährlich überwölbt. Ein kleines Beispiel. Das Kaffeehaus (als Österreicher weiß ich, wovon ich rede) ist ein Ort, der zum Verweilen, zum Lesen, zum Austausch mit Gleichgesinnten und Andersdenkenden einlädt. Jene Lokale aber, die sich *Coffee to go* nennen (und in unseren Städten neuerdings wie Pilze aus dem Boden sprießen und das gute alte Kaffeehaus mancherorts schon verdrängen), sind das genaue Gegenteil, Symptom eines Zeitalters, das niemandem mehr Muße gönnt. *Coffee to go* bedeutet ja letztlich doch nichts anderes als „Nimm den Kaffee und verschwinde (nachdem du ihn bezahlt hast)!"

Und noch ein viertes Phänomen ist hier zu nennen: die Regulierungswut. Wo man auch hinschaut, erblickt man heute Verbotsschilder und Warnhinweise, Aufforderungen zum Gehen und Stehen, zum Anstellen und Vortreten ... Jedes kleinste Detail unseres Alltagslebens muss in den Augen des Gesetzgebers geregelt werden, vermeintlich im Interesse unserer eigenen Sicherheit und Gesundheit. In Wahrheit geht es freilich um nichts anderes als die Entmündigung des Individuums. Dieses Bestreben ist nicht neu, nimmt aber heute bizarre Dimensionen an, weil die entsprechende Technologie (beispielsweise in Form von Überwachungskameras) verfügbar ist und ständig verbessert beziehungsweise ausgeweitet wird.

Nimmt man diese vier Phänomene zusammen – und wir werden in diesem Buch noch auf weitere eingehen –, erhält man das Spiegelbild einer Zivilisation, die sich auf Kosten des Einzelnen entfaltet, und das mit Riesenschritten. Es ist eine Zivilisation, die den Bedürfnissen des Individuums nicht mehr gerecht wird. Selbstverständlich wurde das Individuum zu allen Zeiten von den jeweils Herrschenden unterdrückt. Aber man sollte meinen, dass zweihundert Jahre nach der Aufklärung und über sechzig Jahre nach der Erklärung der Menschenrechte der einzelne Mensch tatsächlich mehr zählt als etwa im Mittelalter. Das aber ist mitnichten der Fall.

> vgl. Stowasser

Bloß die „Vorzeichen" haben sich geändert. An die Stelle der einst allein selig machenden Kirche mit ihrem Totalitätsanspruch in allen Belangen des Lebens sind inzwischen Ökonomen getreten, die mit Politikern eine unheilige Allianz bilden und den Einzelnen nicht mehr sein lassen, was er sein will.

Unsere Natur ist freilich nicht zu beschwindeln. Längst regt sich in vielen von uns das Gefühl, um etwas betrogen zu werden, worauf wir ein Anrecht haben: ein selbstbestimmtes, einigermaßen gutes Leben und ansonsten unsere Ruhe. Natürlich kann ein „gutes Leben" in der Regel nur mit Arbeit, für die man bezahlt wird, erreicht werden. Doch zielt die heutige Arbeitswelt zunehmend darauf ab, den Einzelnen auszubeuten. Gewiss, in manchen Epochen unserer Geschichte war das nicht anders – wenn man an die Sklaverei denkt, muss man sagen, es war weitaus schlimmer –, aber im 20. Jahrhundert machte sich, einmal abgesehen von den beiden Weltkriegen, doch eine Tendenz zur Verbesserung unserer Lebens- und Arbeitsbedingungen bemerkbar. Davon ist im Allgemeinen nichts mehr zu spüren. Zwar hat sich der Umgangston geändert (politisch korrekte Sprache!), was aber doch nur jene Brutalität gleichsam abfedern soll, die dem Einzelnen heute allerorten ins Gesicht schlägt. In den Tiefen unserer Seele bleiben die Reaktionen darauf nicht aus. In den Industrieländern westlicher Prägung nehmen psychische Erkrankungen stark zu. Der Erwartungsdruck, dem der Mensch in seinem beruflichen, aber auch privaten Umfeld, ja selbst in seiner Freizeit ausgesetzt ist, drückt manchem schwer auf sein Gemüt. Die moderne

Leistungsgesellschaft, die sich auch durch Beziehungs-
armut und Einbußen des Kommunikationsvermögens
kennzeichnet, fordert ihren Tribut.

Mit anderen Worten, unsere Zivilisation macht uns
allmählich krank. Psychologen und Psychotherapeuten
haben Konjunktur. Aber niemand, der sich „ausgebrannt"
fühlt, sollte das seine (berufliche) Umgebung wissen lassen. Sonst gilt er schnell als nicht mehr „voll einsatzfähig",
wird als „Versager" abgestempelt und läuft Gefahr, seinen
Arbeitsplatz zu verlieren und nicht mehr in die „Arbeitswelt" zurückkehren zu können. Ein wahrer Teufelskreis,
in den wir uns da mit unserer Zivilisation neuerdings
hineinmanövriert haben! Herkömmliche psychologische
Erklärungen und darauf gegründete Therapien, die dem
Einzelnen helfen sollen, bleiben aber meist nur an der
Oberfläche und dienen bloß der Symptom-Bekämpfung.
Man muss der Sache schon auf den Grund gehen, was
heißen will, die Natur des Menschen ergründen. Unsere
psychische Grundausstattung, erworben in vielen Jahrmillionen, ist auf die Erfordernisse dieser Zivilisation
nicht zugeschnitten. Wir Menschen sind Resultate langer
stammesgeschichtlicher Entwicklungsprozesse, in und
mit denen unser affektiver beziehungsweise emotiona-
ler „Haushalt" ausgeprägt wurde – in einer Welt aber, die
gänzlich anders ausgestattet war als die, in der wir heute
leben. Wir haben sie uns selbst geschaffen, ohne dass wir
je auch nur ahnten, wohin sie uns bringen wird. Sicher
gab es schon vor Jahrzehnten warnende und mahnende
Stimmen weitblickender Denker; aber die sind heute
entweder weitgehend in Vergessenheit geraten oder man
will sie nicht mehr hören.

Man verstehe mich nicht falsch. Ich will die Welt und das Leben unserer prähistorischen Ahnen keineswegs romantisieren oder verherrlichen. Das wäre auch gänzlich unangebracht. Aber unser Handeln, Denken, Fühlen und Wollen heute sind nicht unmaßgeblich geprägt von jenen in Äonen zementierten Verhaltensweisen, die unsere Vorfahren im Dienste ihres Überlebens zu entwickeln hatten. Nach wie vor geht es freilich in erster Linie bloß um das Überleben, doch sind die Rahmenbedingungen dafür in kürzester Zeit völlig andere geworden. Der heutige Mensch befindet sich in einem undurchsichtigen Geflecht institutioneller und ökonomischer Erfordernisse, welche die Möglichkeiten seines Überlebens entscheidend mitbestimmen und in gleichem Maße seinen eigenen Handlungsradius einschränken.

Wie ich bereits bemerkt habe, sind vor allem die letzten Jahrzehnte durch eine enorme Entwicklungsbeschleunigung unseres Lebens auf verschiedenen seiner Ebenen gekennzeichnet. Das hängt natürlich mit den modernen Kommunikationstechnologien zusammen, die uns erst in den 1990er Jahren in vollem Umfang zugänglich wurden und die von vielen heute gleichsam wie Rauschdrogen konsumiert werden. Kommunikation und Information, lebenswichtige Elemente unserer Existenz, haben inzwischen eine ins Perverse gesteigerte Qualität erreicht. Nie in der langen Evolutionsgeschichte unserer Gattung hatten so viele Menschen einen so direkten und schnellen Zugang zu so viel Information wie heute, doch nie war die Gefahr einer sehr raschen massenhaften Verdummung so groß wie derzeit. Die

Massenmedien (die nicht umsonst so bezeichnet werden) überfluten uns mit sinn- und nutzloser „Information". Das wäre an sich noch nicht schlimm, würden nicht viele Menschen jeden beliebigen Unsinn glauben und jeder noch so bedeutungslosen Meldung in jedem beliebigen Boulevardblatt allein deswegen Bedeutung zuordnen, weil sie „in der Zeitung steht". In noch höherem Maße gilt das für das Internet. Die ungeheuren Kommunikationsmöglichkeiten, die uns die moderne Technologie in die Hand gibt, führen letztlich zu einer nie dagewesenen Kommunikationsarmut. Unserer Spezies, die auf Mitmenschlichkeit im kleinen Kreis angelegt ist, werden sie nicht gerecht. Aber vielleicht auch ist diese Spezies, durch ihr eigenes Zutun, zur Verdummung verurteilt ...

Ich bitte den Leser um Geduld, auf alle hier angesprochenen Kennzeichen unserer Gegenwart wird noch ausführlich zurückzukommen sein, und ich werde es nicht bei bloßen Andeutungen bewenden lassen.

Aber wozu eigentlich dieses Buch? Die Antwort darauf kann schon aus dem Vorwort herausgelesen werden. Ergänzend dazu sei hier noch betont, dass es mir auch darum geht, die Tragweite des modernen Evolutionsdenkens aufzuzeigen. Wenn wir unsere lange Evolutionsgeschichte und die Prozesse, die sich dabei abgespielt haben, ernst nehmen, dann lässt sich schließlich die große Frage beantworten, *warum* wir Menschen so sind, wie wir sind. Und es lässt sich plausibel machen, dass die heutige Zivilisation diesem unseren „So-Sein" immer weniger gerecht wird.

1.

DER GEBORENE NOMADE

*Der Mensch war für alle Klimate und für jede
Beschaffenheit des Bodens bestimmt; folglich
mussten in ihm mancherlei Keime und
natürliche Anlagen bereit liegen.*
Immanuel Kant

Rund sieben Milliarden Menschen bevölkern heute die
Erde. Gleichzeitig wächst die Bevölkerung weltweit um
derzeit über 80 Millionen Menschen pro Jahr. Menschen tummeln sich vorwiegend in Ballungszentren, in
Millionenstädten und sogenannten Megastädten, aber
man findet sie auch nach wie vor in kleinen Siedlungen;
sie bewohnen warme und kalte Regionen und vermögen
selbst unter unwirtlichsten Bedingungen (zum Beispiel
in der Nordpolregion) zu überleben. In den Jahrmillionen ihrer Evolution haben sich Menschen beziehungsweise „Menschenartige" allmählich auf allen Kontinen-
ten ausgebreitet und sind heute die einzige Primatenart
mit weltweiter Verbreitung. Nur in der Antarktis haben

sie sich nicht auf Dauer niedergelassen (Spuren hinter-
lassen haben sie allerdings auch dort). Dabei begann alles sehr bescheiden. Unsere ältesten Ahnen blieben zunächst auf den afrikanischen Kontinent beschränkt und
lebten dort ziemlich unauffällig in Uferwäldern, wo sie
sich von Pflanzen und kleineren Tieren ernährten. Später gewann vor allem die Jagd auf größere Tiere an Bedeutung. Schließlich, gemessen mit evolutionären Zeit-
maßstäben erst vor Kurzem, wurden Menschen sesshaft
und begannen Siedlungen zu bauen – und es wurde ein
Prozess in Gang gesetzt, für den es in der Evolutionsgeschichte keine Präzedenzfälle gibt.

Das vorliegende Kapitel soll Lesern ohne nennens-
werte anthropologische und evolutionsbiologische Vor-
kenntnisse wichtige Hintergrundinformation liefern. Es
behandelt – in sehr gedrängter Form – die Herkunft und
Entwicklung des Menschen und die Lebensweise unserer steinzeitlichen Ahnen. Wer aber über die Evolution
des Menschen bereits hinreichend unterrichtet ist, kann
dieses Kapitel getrost überschlagen. Allerdings liefert es
Grundlagen für Argumente, die in späteren Kapiteln des
Buches noch ihre Rolle spielen werden.

UNSERE „ÄFFISCHE" ABKUNFT

Der heutige Mensch, *Homo sapiens*, ist eine von rund
dreihundertfünfzig heute noch lebenden Arten der Säu-
getierordnung Primaten („Herrentiere"). Seine nächsten Verwandten sind Schimpanse, Bonobo (Zwerg-

schimpanse), Gorilla und Orang-Utan. Spätestens seit Charles Darwin (1809 bis 1882) ist an der „äffischen" Abkunft des Menschen ebenso wenig zu zweifeln wie daran, dass der Mensch „in seinem Körperbau immer noch die unaustilgbaren Zeugnisse seines niedrigen Ursprungs erkennen läßt" (Darwin 1871 [1966, S. 274]). Aber, so ist gleich hinzuzufügen (und Darwin wusste es bereits sehr gut), auch in seinem Verhalten und Handeln, seinem Denken, Fühlen und Wollen schleppt der Mensch nach wie vor seinen „äffischen" Ursprung mit sich herum. Der Affe sitzt ihm fest im Nacken, er kann seine eigene Herkunft und Vergangenheit nicht einfach abstreifen. Das ist aus evolutionsbiologischer Sicht eigentlich nicht weiter aufregend, weil auch alle anderen Arten ihre stammesgeschichtlichen „Bürden" nicht abwerfen können. Aber uns Menschen betrifft dieser Umstand in besonderem Maße; und manchen macht er betroffen, denn es ist nach wie vor nicht jedermanns Sache, seine Spezies bloß als ein Glied in der langen „Tierkette" zu wissen.

Noch bevor Darwin – auf der Basis umfassender Befunde aus verschiedenen ihm zugänglichen wissenschaftlichen Disziplinen – den Menschen in die Evolution der Tierwelt einreihte und seine enge Verwandtschaft mit dem Schimpansen und dem Gorilla herausstellte, hatten schon zwei andere Naturforscher Klartext gesprochen: der Engländer Thomas H. Huxley (1825 bis 1895) und der Deutsche Ernst Haeckel (1834 bis 1919). Beide waren, im Gegensatz zu Darwin (dem zurückhaltenden „Revolutionär"), sehr beredte und streitbare Geister; Huxley war Darwins großer Fürsprecher und Verteidiger in seiner Heimat („Darwins Bulldogge"), Haeckel sorgte für die Verbreitung der Ideen Darwins in Deutschland. Beide erschütterten den in unserer Geistesgeschichte tief verwurzelten Glauben an die „Sonderstellung" des Menschen in der Natur. Daran halten noch viele unserer Zeitgenossen fest. Nimmt man aber die Ergebnisse der modernen Anthropologie und Primatenforschung ernst, dann muss man zugeben, dass sich die Grenzen zwischen dem Menschen und seinen nächsten Verwandten mehr und mehr verwischen.

Selbstverständlich kann niemand leugnen, dass sich der Mensch allein schon in anatomischer Hinsicht (aufrechter Gang, stark vergrößertes Gehirn) von den übrigen Primatenarten durchaus unterscheidet (und natürlich auch von allen anderen Säugetierarten, vom großen Rest des Tierreichs ganz zu schweigen). Und in praktisch allen kognitiven Leistungen (Denkvermögen, Lernen, Sprache) ist der Mensch sämtlichen anderen Arten weit überlegen. Aber wie der Neurobiologe Gerhard Roth betont, lässt sich daraus keine wirkliche Einzigartigkeit ableiten,

> *denn beim Menschen gibt es nichts, was nicht in einigen Vorstufen bei nichtmenschlichen Tieren bereits vorhanden ist. Vielmehr zeichnet sich der Mensch durch eine Kombination von Merkmalen aus, die für seine Lebens- und Überlebensbedingungen äußerst vorteilhaft waren wie der aufrechte Gang, der Handgebrauch, eine hohe allgemeine Intelligenz und schließlich eine besonders effektive Form sprachlicher Kommunikation.* (Roth 2010, S. 393 f.)

Außerdem bleibt festzuhalten, dass die „menschliche Eigenart" schon deswegen nichts Einzigartiges ist, weil sich *jede* Spezies in einer mehr oder weniger großen Anzahl von Merkmalen von allen anderen unterscheidet. So gesehen könnte auch der Blauwal – wenn er denn könnte – eine Sonderstellung in der Natur für sich reklamieren, nämlich wegen seiner enormen Körpergröße und seines ebenso enormen Körpergewichts. Und wie einzigartig müsste sich, wenn er sich darauf besinnen könnte, der australische Koala oder Beutelbär mit seinem unverwechselbaren Aussehen vorkommen, welches noch von seiner spezifischen Ernährungsweise (dem Fressen von nährstoffarmen, für die meisten Pflanzenfresser unbekömmlichen Eukalyptusblättern) flankiert wird ...

Es sollte überflüssig sein zu bemerken, dass weder Darwin noch irgendein anderer ernsthafter Evolutionsforscher behauptet hat, der Mensch stamme von einer der heutigen Affenarten ab. Vielmehr war stets von *gemeinsamen* Vorfahren die Rede. Aus heutiger Sicht ist davon auszugehen, dass sich die Evolutionslinien des Schimpansen, des Gorillas und des Menschen vor etwa acht bis fünfeinhalb Jahrmillionen getrennt haben und die zum Orang-Utan führende Linie noch einige Millionen Jahre früher ihren Anfang nahm. Funde von entsprechenden Fossilien aus neuerer Zeit legen nahe, dass Menschen – *Hominini* im Sprachgebrauch der modernen Paläoanthropologie – also ein stammesgeschichtliches Alter von über fünf Millionen Jahren aufweisen. Charakteristisch für Menschen war dabei von Beginn an der aufrechte Gang, die *Bipedie*, also die Fortbewegung auf nur zwei – den hinteren – Extremitäten. Der

Erwerb des aufrechten Ganges kann freilich nicht über Nacht erfolgt sein, sondern muss sich – hier fast wörtlich gesagt – schrittweise vollzogen haben, wie in der Entwicklung eines Kindes, allerdings in viel größeren Zeiträumen. Prähistorische Primaten, die sich ähnlich den heutigen Schimpansen zumindest vorübergehend allein auf den hinteren Extremitäten fortbewegen konnten, haben wohl die Anfänge dieser Lokomotionsform markiert. Im Übrigen ist es natürlich schwer, Menschen von anderen prähistorischen Primaten scharf abzugrenzen. Wir haben es hier mit fließenden Übergängen zu tun. Aber die *Hominisation* oder Menschwerdung im engeren Sinn erfolgte offenbar mit der Entwicklung der zweibeinigen Fortbewegungsweise. Ein weiteres ihrer charakteristischen Merkmale ist die auffallende Vergrößerung des Gehirns, die vor allem auf dem Niveau der Gattung *Homo* (siehe unten) beschleunigt einsetzte und vermutlich durch eine maßgebliche Verbesserung der Ernährungssituation gefördert wurde. Das Gehirn nämlich benötigt im Vergleich zu seiner Größe beziehungsweise seinem Volumen sehr viel Energie. Man muss aber umgekehrt auch davon ausgehen, dass der Mensch mit der Vergrößerung seines Gehirns und mithin einer Steigerung seiner kognitiven Leistungen seine Ernährungssituation verbesserte. Denn er war imstande, immer effizientere Techniken der Nahrungsbeschaffung und schließlich Nahrungszubereitung (Kochen, Garen) zu entwickeln.

Insgesamt hat man sich den Prozess der Menschwerdung als einen komplexen Vorgang der Wechselwirkung verschiedener Faktoren vorzustellen, die voneinander nicht zu trennen sind. Es ist also müßig darüber zu streiten, was den Menschen eigentlich zum Menschen gemacht hat. Sicher hat die Vergrößerung seines Gehirns – von ursprünglich etwa vierhundert Kubikzentimetern auf mehr als das Dreifache innerhalb von rund zwei Jahrmillionen – den Menschen zu ganz entscheidenden Innovationen befähigt. Das Gehirn ist der Sitz unserer Persönlichkeit, unseres jeweils spezifischen (individuellen) Denkens, Fühlens und Wollens. Aber der Prozess der Gehirnentwicklung ist in ein komplexes Faktorengefüge eingebettet. Er hängt mit anatomischen Änderungen ebenso zusammen wie mit ökologischen Anforderungen, klimatischen Umständen und sozialer Konkurrenz. Die Evolution des Menschen insgesamt war also kein geradliniger Vorgang, sondern ein sehr komplizierter Prozess, der sich auf vielen verschlungenen Pfaden vollzogen hat.

JÄGER UND SAMMLER

Wenig umstritten ist, dass Menschen in langen Etappen ihrer Evolution nomadisierend als Jäger und Sammler gelebt haben. Der aufrechte Gang erwies sich bei der Jagd zweifelsohne als erheblicher Vorteil. Als nicht geringer aber ist jener Vorteil einzustufen, den die von der Fortbewegung befreiten Vorderextremitäten dem Menschen boten. Unsere Hände sind universell brauchbare Instrumente. Wir können uns mit ihnen nicht nur festhalten, sondern sie erweisen uns bei der Handhabung von Gegenständen unschätzbare Dienste. Sie erlauben uns, die Feder zu führen, einen Stein mit Meißel und Hammer zu bearbeiten, Klavier zu spielen und vieles mehr. In Verbindung mit einem immer größer werdenden Gehirn und mithin wachsenden Intelligenzleistungen dienten die Vorderextremitäten dem prähistorischen Jäger und Sammler zur Herstellung von immer effizienteren Werkzeugen. Diese ermöglichten ihm, wie gesagt, die Nahrungsbeschaffung und später durch den Gebrauch des Feuers auch die Zubereitung von Nahrung und wirkten sich positiv auf die Bewältigung seines Lebens aus. In der Konkurrenz mit Raubtieren um Beute brachten Waffen wie Steinschleudern oder Speere dem Menschen entscheidende Vorteile. Während beispielsweise Löwen, Tiger, Wölfe oder Bären ihre Beute nur in direktem Kontakt zu ihr und mittels ihrer Pranken und Zähne schlagen können, vermag der Mensch mit Waffen, also gewissermaßen außerkörperlichen Organen, seine Beute aus der Distanz zu erlegen. Obendrein dienen ihm seine Waffen dazu, sich die Raubtiere einigermaßen vom Hals zu halten und so in der Konkurrenz mit ihnen um Nahrung Vorteile zu gewinnen.

Die lange Zeit beliebte These, dass der Mensch *von Anfang an* ein Jäger gewesen sei und die Jagd seine weitere Evolution gleichsam determiniert habe, ist allerdings nicht mehr haltbar. Vieles spricht dafür, dass die ältesten Hominini in (feuchten) Uferwäldern lebten, die ihnen ein relativ breites Nahrungsspektrum boten: neben verschiedenen Pflanzen beziehungsweise Früchten leicht zu fangende, im Wasser lebende Tiere (zum Beispiel Krebse). Temporär und saisonal bedingt werden sie ihre Biotope aber auch verlassen haben, um sich nach weiteren Nahrungsressourcen umzusehen. Es ist ein lange gehegtes, ein wenig romantisch verklärtes Bild: Ein vierbeiniger, auf Bäumen kletternder Affe stieg von den Bäumen herunter, trat aus dem Wald in die Savanne und richtete sich allmählich auf, womit er zum Menschen wurde. So einfach war es sicher nicht. Die Hominisation erfolgte in verschiedenen Etappen. Unsere ältesten menschlichen Ahnen waren der Bipedie zwar mächtig, beherrschten aber das Klettern noch sehr gut und begaben sich gern auf die Bäume zurück (wo sie auch, noch nicht mit wirkungsvollen Werkzeugen ausgerüstet, Schutz vor manchen Feinden fanden). Der Hang zum Klettern ist uns erhalten geblieben. Welches Kind klettert nicht – wenn man es denn noch lässt! – auch heutzutage gern auf einen Baum ...

Kaum zu bestreiten ist jedoch, dass der Mensch während eines beträchtlichen Zeitraums seiner Evolutionsgeschichte, über zwei Millionen Jahre, nomadisierend als Jäger und Sammler gelebt hat. Er ist also der geborene Nomade. Besser sollte man vielleicht sagen: *Halbnomade.* Denn es liegt nahe, dass sich die steinzeitlichen Jäger und Sammler vorübergehend auch niedergelassen haben, und zwar vor allem an Orten, die ihnen ausreichende Nahrungsressourcen boten. Es wäre ja eine Verschwendung von Energie gewesen, herumzuwandern, wenn das zum Fressen Benötigte in unmittelbarer Umgebung zumindest saisonal verfügbar und das Aufspüren von Ressourcen in größerer Distanz mit Unwägbarkeiten verbunden war. Und man kann mit hoher

Wahrscheinlichkeit sagen: Nichts lag unseren steinzeitlichen Ahnen ferner, als überflüssige Anstrengungen zu unternehmen oder sich unnötigen Risiken auszusetzen. Ihr Leben war ohnedies hart genug. Die auf die Antike zurückgehende Vorstellung eines „goldenen Zeitalters" irgendwann in grauer Vorzeit und die noch von Jean-Jacques Rousseau (1712 bis 1778) vertretene und verteidigte Idee, dass im „Naturzustand" alles gut gewesen sei und der Mensch in seinem Urzustand glücklich gelebt habe, sind schöne Märchen. Dagegen stellte bereits der Arzt und Philosoph Ludwig Büchner (1824 bis 1899), der populärste Vertreter des Materialismus seiner Zeit, treffend Folgendes fest:

> *So schön und tief empfunden die Paradies-Sage oder diejenige vom goldenen Zeitalter ist, ebenso unwahr und der Phantasie entsprossen ist sie doch. In Wirklichkeit hat es niemals einen paradiesischen Zustand der Menschheit gegeben, sondern ganz im Gegenteil einen elenden, erbärmlichen Zustand unseres ältesten Vorfahren oder des Urmenschen, aus welchem sich derselbe nur sehr allmählich befreit hat, ... nicht durch Göttliche Hülfe, sondern durch eigene, unerhörte Anstrengungen im Laufe zahlloser Jahre und Generationen.* (Büchner 1891, S. 3)

Wann immer es ihm gegönnt war, wird der „Urmensch", wie gesagt, Anstrengungen vermieden haben – womit er sich in keiner Weise von anderen Tieren unterschied. Auch ein Löwe etwa unternimmt keine zusätzliche Anstrengung, wenn er sich an Ort und Stelle einer fetten Beute versichern darf und obendrein von niemandem

behelligt wird. Es herrscht das „Trägheitsprinzip": Anstrengung lohnt sich nur, wenn sie unmittelbar Erfolg
verspricht. Freilich ist das Leben der Tiere (in freier
Wildbahn) und war das Leben unserer steinzeitlichen
Ahnen von gar vielen Mühen und Plagen gekennzeichnet. Nur satte Mäuler können der Ruhe pflegen.
Nun kurz zu der alten Frage „Woher kommen wir?".

AFRIKA UND DIE BESIEDLUNG
DER ERDE

Abermals war es Charles Darwin, der bereits die richtige Vermutung hinsichtlich unserer „Urheimat" äu-
ßerte: Afrika. Alle Fossilien, die das früheste und frühe
Auftreten von Menschen (Hominini) heute belegen,
stammen aus diesem Kontinent. Mittlerweile sind es
recht viele Funde, die verschiedene Gattungen und
Arten repräsentieren. Keineswegs alle können hier berücksichtigt werden. Zu erwähnen ist aber zunächst
Ardipithecus ramidus aus Äthiopien, der älteste bisher
bekannte „Mensch", eine Spezies jedenfalls, die schon
zur bipeden Fortbewegung befähigt gewesen sein
muss und vor über fünf Jahrmillionen auftrat. Seine
Existenz ist erst seit den 1990er Jahren bekannt. Auf
eine längere Entdeckungsgeschichte kann die Gattung
Australopithecus zurückblicken, die nach wie vor häufig als „Urmensch" bezeichnet wird. Der erste Fund
dieser Gattung stammt aus dem Jahr 1924. Heute werden, je nach Gesichtspunkt, fünf bis acht Spezies un-

terschieden, die älteste von ihnen ist *Australopithecus anamensis*, der ein Alter von über vier Millionen Jahren aufweist. Andere Arten sind der rund drei Millionen Jahre alte *Australopithecus africanus* und *Australopithecus robustus* (auch *Paranthropus robustus* genannt), der vor etwa zwei Jahrmillionen auftrat. Es muss davon ausgegangen werden, dass in den frühen (teils auch in späteren) Phasen seiner Evolution mehrere Gattungen und Arten des Menschen zeitgleich und auch in derselben Region gelebt haben. Wie mögen sie einander begegnet sein? Eine spannende Frage. Wahrscheinlich standen sie in Konkurrenz zueinander und besetzten unterschiedliche ökologische Nischen. Mag sein, dass sie sich gelegentlich auch gehörig in die Quere kamen. Aber Näheres bleibt derzeit noch Mutmaßungen überlassen, vieles wird vielleicht für immer im Dunklen bleiben (obwohl man in der Wissenschaft ein Problem nie resignierend als grundsätzlich unlösbar erachten sollte).

Die Gattung *Homo*, zu der auch unsere eigene Spezies zählt, trat vor etwa zwei Millionen Jahren in Erscheinung und sollte sich gleichsam als Erfolgsmodell in der Evolutionsgeschichte des Menschen herausstellen. Ihre ältesten Vertreter sind *Homo habilis* und *Homo ergaster*, etwas jünger – seit etwa einer Million Jahren nachgewiesen – ist *Homo erectus*, dessen späte „Ausläufer" noch vor zweihunderttausend Jahren existiert haben dürften. Ursprünglich beschränkte sich auch das Verbreitungsgebiet der Gattung *Homo* auf Afrika, *Homo erectus* aber, dessen Erforschungsgeschichte im späten 19. Jahrhundert mit der Entdeckung von Skelettresten auf Java begann, lebte auch schon in Asien und in Europa. Zu einiger Berühmtheit brachte es dabei der sogenannte Peking-Mensch, der in den 1920er Jahren in der Nähe der chinesischen Hauptstadt entdeckt wurde, vor knapp fünfhunderttausend Jahren erstmals in Erscheinung trat und sich bereits im Gebrauch des Feuers übte. Für die paläoanthropologischen Forschung nicht minder bedeutsam ist auch ein „Europäer", der Heidelberg-Mensch oder *Homo heidelbergensis*, der vor etwa sechshunderttausend Jahren in Afrika aufgetaucht war und sich später auf unserem Kontinent niederließ. Unsere eigene Art schließlich, *Homo sapiens*, erschien vor etwa hundertfünfzigtausend Jahren auf der Bühne, und zwar wiederum zunächst in Afrika, von wo aus er nach Europa – und später auf alle anderen Kontinente – auswanderte.

Somit lässt sich heute nicht nur sagen, dass die Wiege der Menschheit in Afrika stand, sondern auch, dass von dort aus immer wieder menschliche Populationen in andere Regionen der Erde eingewandert sind. Diese im Fachjargon als _Out-of-Africa_ bezeichnete Migrationshypothese findet nicht nur in Fossilien und Werkzeugen, sondern auch in molekularbiologischen Untersuchungen (DNA-Vergleichen heutiger menschlicher Populationen) eine veritable Stütze. Was aber hat Menschen immer wieder dazu bewogen, den afrikanischen Kontinent und ihr jeweils angestammtes Territorium zu verlassen? Eine abermals sehr spannende Frage. Es mögen Nahrungsmangel, klimatische Veränderungen und noch andere Faktoren dafür maßgeblich gewesen sein. Vielleicht auch veranlasste seine zunehmende Intelligenz und mit die-

ser seine sich beständig steigernde Neugier und Entde-
ckungslust den Menschen schon früh dazu, nach neuen
Ufern vorzustoßen, auf neuem Terrain Fuß zu fassen.

Obwohl hier ein nur überaus knapper Abriss der
Evolution und Verbreitungsgeschichte des Menschen bezweckt sein kann, darf die Erwähnung des Neandertalers
nicht fehlen. Der *Homo neandertalensis* ist eine Schlüssel-
figur der Paläoanthropologie, die als Wissenschaft vom
fossilen Menschen mit seiner Entdeckung überhaupt erst
ihren Anfang nahm (1856 in einer Höhle im Neandertal
bei Düsseldorf). Wenngleich die Existenz des Neandertalers mittlerweile durch zahlreiche Funde aus Europa und
dem Vorderen Orient sehr gut dokumentiert ist und seine
Lebensweise anhand einschlägiger Grabungsergebnisse
gut rekonstruiert werden konnte (nachweislich bestattete
er seine Toten und schmückte ihre Gräber mit Blumen),
gibt diese „Menschenform" nach wie vor einige Rätsel
auf. Insbesondere ihr Verschwinden vor knapp dreißigtausend Jahren liefert immer noch Stoff für einige Spe-
kulationen. Tatsache ist, dass der Neandertaler zeitgleich
mit dem heutigen Menschen, *Homo sapiens*, lebte, genau
gesagt mit dem (nach seinem französischen Fundort be-
nannten) Cro-Magnon-Menschen. Dieser repräsentierte
bereits unseren heutigen „Menschentyp" oder unterschied sich jedenfalls von diesem kaum. (In der heutigen
Welt hätte ein Cro-Magnon-Kind alle Voraussetzungen
für einen Physikprofessor, einen Lokomotivführer oder
einen Bankräuber.) Möglicherweise konkurrierte der
Cro-Magnon-Mensch mit dem Neandertaler um Nahrung und ging aus dieser Konkurrenz schließlich als Sie-
ger hervor. Vielleicht auch hat er seinen „Vetter" – eben

als Konkurrenten – ausgerottet. (Völkermorde begleiten ja auch unsere weitere Geschichte.) Vielleicht aber haben sich Neandertaler und Cro-Magnon-Menschen miteinander vermischt, sodass in uns allen heute noch Neandertalerblut fließt ...

Wie man sieht, geben uns die eigene Herkunft und unsere Evolutionsgeschichte noch einige Aufgaben auf, die zu bewältigen vielleicht viele Jahre oder Jahrzehnte dauern wird. Aber fest steht, dass Menschen aus „affenartigen" Vorfahren hervorgegangen sind, der heutige Mensch das Resultat eines mehrere Jahrmillionen umfassenden komplexen Prozesses darstellt und dass er die Zeugnisse seiner Vergangenheit unauslöschlich mit sich herumträgt. Nicht zu zweifeln ist auch daran, dass Menschen während der längsten Zeit ihrer Evolution als Nomaden oder Halbnomaden herumgezogen sind. Jagend und sammelnd waren sie den Unbilden der Natur meist hilflos ausgeliefert und fanden sich in keiner besseren (oder schlechteren) Situation wieder als alle übrigen Tiere auch. Dann aber, vor erst etwa fünfzehntausend Jahren – welch unbedeutender Zeitraum auf der Zeitskala der Evolution! –, geschah etwas recht Eigenartiges: Menschen wurden sesshaft, begannen Siedlungen zu bauen, Pflanzen und Tiere zu züchten (anstatt sie als Wildformen zu sammeln beziehungsweise zu pflücken und zu jagen) und komplexe, arbeitsteilige Gesellschaften zu entwickeln. Es erfolgte der als *neolithische* oder *jungsteinzeitliche Revolution* bezeichnete Übergang von der *aneignenden* zur *produzierenden* Lebensweise, und zwar zunächst im Vorderen Orient, um aber später auch auf andere Regionen der Erde überzugreifen.

VORTEILE DER SESSHAFTIGKEIT

Selbstverständlich erfolgte dieser Übergang nicht aus heiterem Himmel, von heute auf morgen. Jede Revolution hat ihre – teils lange – Vorgeschichte. Verglichen mit dem langen Zeitraum, in dem Menschen als Jäger und Sammler lebten, erfolgte der Prozess der Sesshaftigkeit allerdings doch recht schnell. Warum aber wurden Menschen dauerhaft sesshaft? Warum begannen sie Ackerbau und Viehzucht zu betreiben? Anfangs muss das eine sehr mühevolle Angelegenheit gewesen sein, Ernteerträge und Erträge aus der Viehzucht waren zunächst einmal wohl ziemlich mager. Seine Nutztiere werden immer wieder auch Raubtieren willkommene Beute gewesen sein (schließlich waren auch Bauern in historischer Zeit noch häufig mit „Raubzeug" konfrontiert). Die Sesshaftigkeit muss dem Menschen zunächst mehr Nach- als Vorteile gebracht haben. Zur Frage, warum sich denn Menschen nach so langer Zeit des Herumwanderns an einzelnen Orten dauerhaft niederzulassen begannen, wurden schon verschiedene Theorien entwickelt.

Nun leuchtet es durchaus ein, dass Lebewesen, welcher Art auch immer, an einem Platz verweilen, an dem sie üppige Nahrungsressourcen vorfinden. Wenn sich in unseren Breiten im Winter irgendwo Vögel scharen, dann dürfen wir stillschweigend annehmen, dass das vorgefundene Futter ihnen einen Anreiz für ihre Ansammlung bietet. Wildschweine drängen heute immer wieder in Vororte von Großstädten beziehungsweise Stadtaußenbezirke vor, weil sie sich dort an Gartenfrüchten und Abfällen gütlich tun können. Zum Ärger von Haus- und Gartenbesitzern fallen sie über Mülleimer, Komposthaufen und Gemüsebeete her. Warum sollten sie es sich bei der Nahrungsbeschaffung schwer machen, wenn es auch einfach geht?! Hat aber der Mensch, als er sich ursprünglich an bestimmten Orten niederließ, dort auch üppige Nahrung vorgefunden, die ihn zum ständigen Verweilen einlud? *Annahme*

Man nimmt oft an, dass der durch klimatische Veränderungen verursachte Mangel an Jagdwild während der letzten Eiszeit den Menschen dazu gezwungen habe, Ackerbau und Viehzucht zu betreiben. Der Mensch entdeckte Wildpflanzen, auf die Vogelschwärme ihn aufmerksam machten, als sie zur Reifezeit einfielen. Den Ernährungswert dieser Pflanzen lernte der Mensch bald zu schätzen und begann sie als Getreide zu domestizieren. Er lernte Techniken, das Getreide zu bewahren und ganzjährig zu nutzen. Dies aber hatte zur Voraussetzung, dass er an Ort und Stelle blieb, Siedlungen – wenngleich zunächst in einfachster Form – errichtete. Da aber auch andere Tiere, vor allem Rinder, Ziegen und Schafe, das Getreide als Nahrungsquelle schätzen, kamen sie ihm als „Ernteräuber" in die Quere. Dasselbe gilt auch für Schweine, die zwar nicht unbedingt Gerste oder Weizen fressen, sich aber, wie gesagt, an vom Menschen produzierten Abfällen delektieren. Nun wäre es, so kann man weiter argumentieren, für den Menschen auf Dauer zu mühsam gewesen, sich alle diese Tiere vom Leib zu halten, um seine Nutzpflanzen zu schützen. Besser war es, die Tiere sozusagen ins Haus zu holen und sie ebenfalls zu nutzen. Welch enorme Bedeutung die genannten Tiere – heutzutage vor allem Rinder und Schweine – als Nahrungslieferanten im Lauf der Zeit erlangt haben, bedarf keiner besonderen Erwähnung.

In den Augen des Münchener Zoologen und Evolutionsbiologen Josef Reichholf greift diese Erklärung für das Sesshaft-Werden des Menschen allerdings zu kurz. Er bringt daher Alkohol ins Spiel. Aus dem Vergleich heutiger und aus der Geschichte überlieferter Kulturen wird erkennbar, dass überall – in geringem oder höherem Maße – Rauschmittel, darunter Alkohol, ihre Rolle spielen und spielten. Nach Reichholf war es nicht der Mangel an Jagdwild, der den Menschen zur Sesshaftigkeit veranlasste. Es war die Entdeckung, dass aus bestimmten Pflanzen alkoholische Getränke hergestellt werden können, deren gemeinschaftlicher Genuss soziale Beziehungen zu stärken und die friedliche Beilegung von Konflikten zu erleichtern vermag. Daher soll Getreide erst sukzessive für die Ernährung genutzt, ursprünglich aber für die Herstellung von Bier verwendet worden sein. Also, im Anfang war der Rausch. Der musste sich allerdings in Grenzen gehalten haben, weil eine dauerhaft alkoholisierte Gesellschaft nicht lebensfähig gewesen wäre.

Das Sesshaft-Werden des Menschen war sicher ein sehr verwickelter Vorgang, an dem mehrere Faktoren beteiligt waren; und warum nicht auch Bier und Wein?! Sicher aber muss die Sesshaftigkeit unserer Spezies schon bald Vorteile gebracht haben, weil sie sich andernfalls – nur mit Nachteilen verbunden – als Lebensweise nicht bewährt hätte. Nachteile werden in der Evolution mittel- bis langfristig nicht belohnt. Gegenüber den Nomaden und Halbnomaden können die Sesshaften in der Gesamtbilanz ein ökonomisches Plus verbuchen. Reichholf (2012, S. 283) schreibt dazu Folgendes:

> *Menschen, die sich von den Früchten des Feldes und ihrer eigenen Hände Arbeit ernähren, brauchen kaum ein Zehntel des Lebensraumes, den Wanderhirten benötigen. Menschengruppen, die sich von Jagen und Sammeln ernähren, nehmen etwa das Hundertfache von Ackerbauern pro Kopf an Fläche in Anspruch. Hieraus ergibt sich das Anwachsen der Weltbevölkerung ganz von selbst. Gesteigerte Produktion von Nahrung ermöglicht das Überleben von mehr Menschen.*

Aber wie in der Evolution so oft erweisen sich auch hier Vorteile von heute als Nachteile von morgen. Die problematischen Spätfolgen der Sesshaftigkeit sind inzwischen spürbar. Sie zeigen sich in einer rasanten, ungebremsten Bevölkerungsvermehrung, einer Überproduktion von Nahrungsmitteln auf der einen Seite, Hungersnöten auf der anderen.

Zwischen den Siedlungen der ersten Ackerbauern und Viehzüchter und den heutigen Megastädten liegen Welten. Doch der Prozess der Urbanisierung war, einmal in Gang gebracht, anscheinend nicht zu bremsen. Er entwickelte eine Eigendynamik, die niemand vorhersehen konnte, die aber den Menschen nun in seinem Wesen zu entwurzeln droht. Das ist Gegenstand späterer Kapitel des vorliegenden Buches. Zuvor müssen wir uns noch einer weiteren Seite unseres Wesens zuwenden, die tief in der Evolutionsgeschichte unserer Gattung verankert ist.

2.

DAS GEBORENE KLEINGRUPPENWESEN

So gern der Mensch alles aus sich selbst hervor-
zubringen wähnt, so sehr hangt er doch in der
Entwicklung seiner Fähigkeiten von anderen ab.
Johann Gottfried Herder

Der Mensch ist von Natur aus ein soziales Lebewesen. Keiner von uns will das sprichwörtliche fünfte Rad am Wagen sein, sondern irgendwo *dazugehören*, sich als Teil einer *Gemeinschaft* wissen. Einsamkeit, *Verlassen-Sein* empfinden die allermeisten Menschen als schlimm. Auch das gehört zu unserem alten Primatenerbe. Primaten sind im Allgemeinen gesellige Tiere, die zum Teil sehr komplexe, hierarchische Sozialstrukturen entwickeln. Der Mensch ist dabei keine Ausnahme. Allerdings lebte er die längste Zeit in relativ kleinen, überschaubaren Gruppen; er ist das geborene Kleingruppenwesen.

allerdings ist
das kein Hinweis, dass Menschen
ihr Gemeinwesen hierarchisch organisieren

Dieser Umstand ist für das vorliegende Buch von besonderem Interesse. Auf das Leben in *anonymen Massengesellschaften* war der Mensch nicht vorbereitet. Nun aber sieht sich der steinzeitliche Jäger und Sammler, der mit einem kleinen Haufen ihm bekannter und vertrauter Individuen herumstreifte, täglich einer Masse von ihm unbekannten Artgenossen gegenüber, von denen er nichts weiß und meist auch nichts wissen will. Die Grundmuster unseres sozialen Verhaltens – Wir-Gefühl, Freund-Feind-Denken, Kooperation, Bevorzugung (Vetternwirtschaft) – wurden in Kleingruppen gestrickt und haben sich in Jahrmillionen bewährt. Seine kleine Gruppe war für den Einzelnen identitätsstiftend und vermittelte ihm ein Gefühl der Vertrautheit, das ihm in der Massengesellschaft abhandenkommt. Hier begegnet uns also eine Konfliktsituation, die sich in der Gegenwart immer mehr verschärft. Der amerikanische Evolutionsbiologe Richard Alexander hat treffend bemerkt, dass im jüngsten Abschnitt seiner Evolutionsgeschichte die den Menschen hauptsächlich prägende feindliche Macht die Gegenwart anderer Menschen sei (die auch immer mehr werden).

WIE VIELE MENSCHEN VERTRÄGT EIN MENSCH?

Der britische Maler und Verhaltensforscher Desmond Morris ließ in den späten 1960er Jahren mit seinem Buch *Der nackte Affe* aufhorchen. Der Mensch, so legte

Morris ausführlich dar, sei immer noch ein Affe – wenngleich einer mit stark reduzierter Körperbehaarung –, dessen Verhaltensweisen in seiner Stammesgeschichte tief verwurzelt sind und auf Schritt und Tritt seine evolutionäre Vergangenheit erkennen lassen. Wer unsere „äffische" Abkunft akzeptiert – und nur ideologische beziehungsweise religiöse Motive können heute jemanden daran hindern –, wird sich natürlich nicht daran stoßen. Im Gegenteil, es ist doch faszinierend zu sehen, welchen evolutiven Weg unsere Gattung eingeschlagen, zu welchen geistigen Höhenflügen sie sich emporgeschwungen, welche Fähigkeiten sie kraft ihres Gehirns erworben hat; darunter die Fähigkeit, über ihre eigene Herkunft, ihr Wesen und ihre mögliche Zukunft nachzudenken. Aber im Herzen lebt unsere Gattung noch in der Steinzeit. Der vielleicht beste Beweis dafür ist ihr soziales Verhalten. In seinem erwähnten Buch schrieb Morris Folgendes dazu:

> *Selbstverständlich haben wir unsere Stammesgeschichte nicht deshalb durchlaufen, um in riesigen Zusammenballungen Tausender und Abertausender von Individuen zu leben. Unser Verhalten ist darauf abgestellt, daß es in kleinen Stammesgruppen von vielleicht weniger als hundert Individuen funktioniert, bei denen jedes Stammesmitglied jedes andere persönlich kennt, wie es auch bei den Tier- und Menschenaffen der Fall ist. In einer Sozialstruktur dieses Typs regelt sich das Einreihen in die Rangordnung mit Leichtigkeit, und die Hierarchie wird stabil, wenn man einmal von dem allmählichen Wechsel absieht, wie er durch*

das Älterwerden und Sterben der Mitglieder eintritt.
Ganz und gar anders und unvergleichlich stärker be-
lastend ist die Situation in den Städten. Tag für Tag
kommt der Städter mit zahllosen Fremden in Berüh-
rung – und das ist etwas für alle anderen Primaten-
Arten Unerhörtes.　　　　(Morris 1968, S. 276 f.)

Dass sich das Einreihen in die Rangordnung in kleinen
Gruppen „mit Leichtigkeit" einstellt, darf man bezwei-
feln. Vielmehr lernen wir beispielsweise aus Beobachtungen an Schimpansen, dass Macht- beziehungsweise
Rangkämpfe praktisch ein „normaler" Zustand sind, wobei die Tiere auch vor mancher Brutalität nicht zurück-
schrecken. Bei menschlichen (Klein-)Gruppen verhält es
sich nicht anders, auch wenn dabei nicht notwendiger-
weise Kämpfe im buchstäblichen Sinn ausgetragen werden. *auch flache Hierarchien mögl.*
　　Aber Morris hatte natürlich Recht, dass die dem
Menschen ursprünglich eigene Gesellschaftsform die
Kleingruppe ist, eine *Primär-* oder *Sympathiegruppe*,
deren Angehörige einander persönlich bekannt, meist
miteinander verwandt oder verschwägert sind. Zwar
ist die soziale Welt des heutigen Menschen etwas größer als die sozialen Welten seiner stammesgeschichtlichen Ahnen und der anderen rezenten Primaten, sie
geht aber über hundertfünfzig bis zweihundert Individuen nicht hinaus. Doch nicht jedes dieser Individuen
nimmt im Kopf des Einzelnen den gleichen Stellen-
wert ein. Die eigentliche Sympathiegruppe umfasst im
Durchschnitt bloß elf Personen (die Fußballelf), wobei
sich diese Zahl, wie der Leser für sich selbst nachvoll-

ziehen mag, aus der Zahl der nächsten Verwandten und einiger enger Freunde zusammensetzt. Jemand mit sehr großer Verwandtschaft pflegt meistens nicht zu jedem und jeder seiner Verwandten denselben intensiven Kontakt. Vettern oder Basen zweiten oder dritten Grades stehen uns kaum noch nahe, da pflegen wir eher noch enge Kontakte zu alten Schul- oder Studienfreunden, weil uns mit diesen ein längerer gemeinsamer Weg verbindet. Die Frage also, wie viele Menschen ein Mensch verträgt, ist damit schon ziemlich genau beantwortet.

Selbstverständlich kann die Zahl jener Menschen, denen wir flüchtig begegnen, mit denen wir aus beruflichen Gründen korrespondieren und so weiter hundertfünfzig oder zweihundert bei Weitem übersteigen. Das ist heutzutage, in urbanen Gesellschaften, auch häufig der Fall. Meine ausgedehnte Vorlesungs- und Vortragstätigkeit bringt mich mit unzähligen Menschen zusammen, doch in der Regel bleibt es bei kurzen und einmaligen Begegnungen, einer Plauderei beim Abendessen nach einer Vortragsveranstaltung oder in einer Hotelbar. Ich erinnere mich dabei an viele mir sympathische Menschen und würde mich über eine Wiederbegegnung freuen, aber es ist nun einmal nicht möglich, mit Tausenden Personen langfristig Bande der Sympathie zu unterhalten. Das ist freilich nicht zuletzt auch eine Frage der geografischen Nähe oder Ferne. Es ist eines, mit Leuten über Distanz zu *korrespondieren*, ein anderes, *persönliche Kontakte zu pflegen*. Wer meint, er habe Tausende Freunde in einem sozialen Netzwerk wie Facebook, verwendet nicht nur den Ausdruck „Freund"

inflationär, sondern verwechselt Virtualität mit Realität
(wobei gerade diese Verwechslung erst den lockeren Gebrauch jenes Ausdrucks erlaubt).

Grundsätzlich gilt, dass die Intensität sozialer Interaktion mit zunehmender Zahl der interagierenden
Personen abnimmt. Dieser in den Sozialwissenschaf-
ten und in der Psychologie (aus der Gruppendynamik)
bekannte Umstand ist heute evolutionsbiologisch gut
begründet. Er ergibt sich eben daraus, dass Menschen
die längste Zeit ihrer Evolution mit stets wenigen ihnen vertrauten Menschen gelebt haben. Wenn die Mit-
gliederzahl einer beliebigen Gruppierung über eine
bestimmte Größenordnung hinauswächst, dann sind
die Beteiligten nicht mehr imstande, einen vertrauten,
intimen Charakter sozialer Beziehungen miteinander
zu pflegen. Sie wenden sich voneinander ab oder bilden innerhalb der größer werdenden Gruppe kleinere
Gruppen von Individuen, die sich durch gegenseitige
Sympathie, gemeinsame Interessen und so weiter aus-
zeichnen und sich mithin gegenseitig anziehen. (Ver-
anstalter großer Festmahlzeiten sind daher stets gut
beraten zu überlegen, wer an der Festtafel neben wem
sitzen soll.) Selbstverständlich knüpfen wir in Großstädten so manche flüchtige Bekanntschaft, treffen auf
dem Weg zum Arbeitsplatz, auf Lebensmittelmärkten
und so weiter immer wieder auf dieselben Leute, was
aber nicht heißt, dass wir mit diesen Personen in en-
gerem sozialen Kontakt stehen. Wir grüßen sie freundlich, wechseln vielleicht ein paar Worte mit ihnen und
gehen dann unserer Wege. Aber kaum einen von ihnen
werden wir spontan zu uns nach Hause zum Essen ein-

laden. (Private Einladungen zum Essen haben schon einen recht intimen Charakter und bleiben daher in der Regel wiederum einer nur kleinen Gruppe von Personen vorbehalten.)

ICH UND DER REST DER WELT

Menschen sind, wie alle Tiere, Egoisten. Im strikt soziobiologischen Sinn bedeutet Egoismus jedes Verhalten, das die reproduktive Eignung, also den Fortpflanzungserfolg auf Kosten anderer erhöht. Voraussetzung für die erfolgreiche Reproduktion ist, klarerweise, das Erreichen des fortpflanzungsfähigen Alters. Um aber zumindest bis dahin am Leben zu bleiben, benötigt jedes Lebewesen Ressourcen: Raum und Nahrung. Damit sind Wettbewerb und Konflikte programmiert. Da die Natur kein Schlaraffenland ist und Ressourcen oft knapp sind, versuchen Tiere auf unterschiedlichste Weise, ihre Artgenossen auszutricksen, sie zu „belügen" und zu „betrügen". Der Mensch ist dabei keine Ausnahme. Allerdings zwingen ihn soziale beziehungsweise kulturelle Normen, die er sich selbst verordnet hat, dazu, auf andere Rücksicht zu nehmen und sie sogar zu unterstützen. Aber auch diese Normen haben einen tiefen biologischen Unterbau.

Schon einfache und oberflächliche Beobachtungen verdeutlichen, dass in der Tierwelt neben egoistischem auch kooperatives und altruistisches Verhalten vorkommt. Altruismus bedeutet, wieder im strengen Sinn der Soziobiologie, die Erhöhung des Fortpflanzungserfolgs anderer auf eigene Kosten. Wie passt das nun mit der Allgegenwart des Egoismus zusammen? Wie konnte sich in einer vom Egoismus beherrschten Welt uneigennütziges Verhalten entwickeln? Die Antwort ist einfach: weil sich solches Verhalten für den Einzelnen durchaus auszahlt. Das Individuum genießt in seiner Gruppe bestimmte Vorteile. Um sich diese aber dauerhaft zu sichern, ist es gezwungen, mit anderen zu kooperieren, die Hilfe, die es von anderen empfängt, bei Gelegenheit auch zurückzuzahlen. In tierischen Gesellschaften regeln sich diese Dinge ganz von selbst, ohne dass bestimmte „Gruppennormen" vorgegeben wären. Wölfe etwa jagen im Rudel und arbeiten sozusagen zusammen, weil das jedem von ihnen mit höherer Wahrscheinlichkeit Nahrung sichert als die Jagd im Alleingang. Die Jagdgesellschaften prähistorischer Menschen kann man sich analog dazu vorstellen.

Aber auch die heutigen kleinen Menschengruppen sind gewissermaßen mit Jagdgesellschaften vergleichbar. Sie werden durch ein Band von Sympathie und gemeinsamen Interessen zusammengehalten, auch wenn sie nicht miteinander auf Beutefang gehen. Und manchmal bilden sie tatsächlich noch Jagdgesellschaften im buchstäblichen Wortsinn, die wiederum auch dem Knüpfen sozialer Bande dienen können. Auf den (ganzen) Rest der Welt zu pfeifen, kann sich ohnehin kaum jemand leisten, wenn er nicht in völliger Vereinsamung enden will. Aber wer will das schon!

Freilich ist heutzutage, in unserer Ellbogengesellschaft, ein Phänomen nicht zu übersehen, das im Gegensatz zum „gesunden" als „pathologischer" Egoismus bezeichnet werden kann. Der gesunde Egoist ist ein guter Sozialingenieur. Er weiß, dass er andere für die Realisierung seiner eigenen Vorhaben braucht, ab und an von anderen Hilfe in Anspruch nehmen muss, und ist daher im Allgemeinen seinerseits zuvorkommend und hilfsbereit. Er weiß, dass sich Freundlichkeit auszahlt, und folgt dem uralten Prinzip des Nehmens und Gebens. Zwar ist er mit sich selbst zufrieden, schöpft aber diese Zufriedenheit auch aus dem freundlichen und freundschaftlichen Umgang mit anderen. Insgesamt ein netter Kerl also, der aber durchaus seine persönlichen Ziele im Auge behält. Dem pathologischen Egoisten hingegen fehlt jedes Gespür für die Bedürfnisse der anderen, er glaubt, niemanden zu brauchen und daher auch niemandem seine Hilfe anbieten zu müssen. Nichts kennzeichnet den pathologischen Egoismus besser als der dumme Werbeslogan „Geiz ist geil". Er spiegelt die Einstellung einer Gesellschaft wider, welche dabei ist, ihre eigenen Grundlagen zu zerstören.

Der Mensch ist also von Natur aus egoistisch; doch als vergesellschaftetes Lebewesen auch mit der Anlage zur Kooperation und gegenseitigen Hilfe ausgestattet. Wo diese Anlage nicht gefördert, sondern zerstört wird, dort läuft er Gefahr, altbewährte Mechanismen seiner sozialen Evolution auszuschalten und sich in eine Situation hineinzumanövrieren, die mittel- bis langfristig weder das Überleben des Individuums noch den Fortbestand von Sozietäten sichern kann (und seiner Art nicht gerecht wird). Unsere steinzeitlichen Vorfahren waren keine Engel, aber sie wussten „instinktiv" um die Bedeutung von Gemeinschaft.

WIR UND DER REST DER WELT

Menschen waren also von Anfang an gut beraten, mit anderen zu kooperieren, einander zu helfen. Schon Friedrich Schiller (1759 bis 1805) sah – noch ohne jeden evolutionstheoretischen Hintergrund – die Sache erstaunlich klar:

> *Hunger und Blöße haben den Menschen zuerst zum Jäger, Fischer, Viehhirten, Ackermann und Baumeister gemacht. Wollust stiftete Familien, und Wehrlosigkeit der Einzelnen zog Horden zusammen. Hier schon die ersten Wurzeln geselliger Pflichten.* (Schiller 1885, S. 21)

Aber wie bereits betont wurde, haben sich alle Grundmuster unseres sozialen Verhaltens in Kleingruppen entwickelt. So funktionierte auch das Prinzip der Gegenseitigkeit zunächst nur in kleinen und gut überschaubaren sozialen Verbänden. Je fester die Angehörigen eines solchen Verbandes aneinandergekittet waren, desto besser konnten sie sich gegenüber anderen, mit ihnen konkurrierenden Gruppen behaupten. So entstand das *Wir-Gefühl*, das Gefühl der *Gruppenidentität*, das sowohl für das Individuum als auch für seine Gruppe von elementarer Bedeutung war – und bis heute geblieben ist.

Der Mensch will, worauf schon hingewiesen wurde, irgendwo dazugehören. In der Regel bietet ihm seine Familie die erste und langfristige Gelegenheit dazu, und später erweitert sich sein „sozialer Horizont" um Freunde und Bekannte, deren Zahl jedoch stets begrenzt bleibt. Aber das Wir-Gefühl kann künstlich auf größere und sogar sehr große soziale Einheiten ausgedehnt werden, mitunter nur vorübergehend, in einer bestimmten Situation. Denken wir an internationale Sportveranstaltungen. Beispielsweise repräsentieren die Teilnehmer an Olympischen Spielen ihr jeweiliges Herkunftsland, und wenn sie einige Medaillen gewinnen, dann gewinnen sie diese für *ihr* Land, in dem sich dann alle am Sport Begeisterten darüber freuen und „Wir haben gewonnen!" ausrufen – obwohl sie selbst ja am Wettbewerb gar nicht teilgenommen, sondern diesen bloß im Fernsehen mitverfolgt haben. Genauso verhält es sich bei der Ankündigung eines internationalen Fußballspiels, wenn es etwa heißt, Spanien spielt gegen Deutschland oder Frankreich gegen die Niederlande. Obwohl jeweils nur elf Personen auf jeder Seite um den Sieg ringen, sind Millionen anderer physisch völlig unbeteiligter Personen „dabei" und brüllen vor Freude bei jedem Ball, den einer aus „ihrer" Mannschaft ins Tor der gegnerischen Spieler befördert. Hier zählt das bloße *Miterleben*, und vollkommen irrationalen – tief in unserer Stammesgeschichte verwurzelten – Mechanismen ist es zu verdanken, dass diese Personen den Sieg oder die Niederlage „ihrer" Mannschaft als Betroffene erleben.

Diese Mechanismen führen zur sozial und kulturell geförderten Bildung von *Pseudofamilien*, die sich aber auch schnell wieder auflösen können. Denn die durch das Wir-Gefühl zusammengeschweißten Personen, die sich über den Sieg „ihres" Landes zum Beispiel bei einer Fußball-Weltmeisterschaft freuen, lassen in anderen Situationen, unter anderen Rahmenbedingungen, oft kein gutes Haar an „ihrem" Land und „ihren" Landsleuten. Wenn sie mittel- bis langfristig aufrechterhalten werden, können Pseudofamilien aber katastrophale Auswirkungen zeitigen. Das ideologisch beziehungsweise religiös verstärkte Wir-Gefühl (die Grenzen zwischen Ideologie und Religion sind nicht leicht auszumachen) kann zu ungeheuren Gräueltaten führen. Geschichte und Gegenwart belegen das auf erdrückende Weise. Denn je stärker die Gruppenidentität – und sei es die Identifizierung mit einer Pseudofamilie – ausgeprägt ist, desto höher ist die Bereitschaft, andere, die also nicht „dazugehören", nicht einfach bloß auszugrenzen, sondern zu verfolgen und auszurotten. Das Dritte Reich ist das bisher schrecklichste Exempel dafür, obwohl „im kleineren Maßstab" viele andere Beispiele schnell zur Hand sind. Der *Genozid*, der Völkermord, begleitet die ganze Menschheitsgeschichte. Aus neuerer Zeit in Erinnerung sind die Abschlachtung der Tutsi durch die Hutu im afrikanischen Ruanda oder der zwischen den Völkern des ehemaligen Jugoslawien aufgestaute Hass, der zu Beginn der 1990er Jahre zu gleich mehreren Kriegen führte.

Das Wir-Gefühl und die Ausgrenzung des Anderen oder auch nur des Andersdenkenden sind maßgeblich dafür verantwortlich, dass noch jeder Tyrann, jeder Diktator Anhänger gefunden hat, die sich fanatisch für die „gemeinsame Sache" begeistern können und zu jeder Bluttat bereit sind. Versager auf der ganzen Linie, Leute, die unter „normalen" Umständen nichts zu vermelden haben, finden in einer auf ideologischem (religiösem) Fundament konstruierten Pseudofamilie ihren Anschluss und ihre „Bestimmung". Dazu gehört kein Verstand, denn – in leichter Abwandlung eines ukrainischen Sprichworts – wo die Fahne weht, bleibt dieser ohnehin in der Trompete. Freilich ist das Wir-Gefühl an sich harmlos, die längste Zeit seiner Stammesgeschichte diente es dem Menschen sogar zum Überleben. Nicht unbedingt führte es zur Diskriminierung und zur Verfolgung anderer Gruppen, auch weil – unter steinzeitlichen Lebensbedingungen – die Gruppen großflächig verteilt waren und sich ihre Wege nicht allzu oft gekreuzt haben dürften. Der Soziobiologe Eckart Voland bemerkt pointiert und treffend Folgendes dazu:

> Mit dem „Wir-Gefühl" und seinen Begleiterscheinungen verhält es sich wie mit Hühneraugen. Normalerweise spielen sie keine Rolle ... Aber wie alle biologischen Merkmale – auch die der Psyche – werden sie nicht wirklich überwunden, sondern die Wahrscheinlichkeit ihres Auftretens ist eine Funktion der Umstände. Wehe, der Schuh drückt! Und wenn der Schuh drückt und das „Wir" sichtbar wird, verstehen offensichtlich viele keinen Spaß. Das Spiel mit dem „Wir" ist keineswegs so harmlos, wie man es gerne hätte, denn zur Wir-Psychologie gehört auch ein moralischer Imperativ von beeindruckender Schlichtheit: „Groupness geht vor fairness!" (Voland 2007, S. 37 f.)

Also, die eigene Gruppe ist wichtiger als faires Verhalten gegenüber allen Leuten, die nicht zur eigenen Gruppe gehören. Unter gegebenen ideologischen (religiösen) Rahmenbedingungen kann dieser Imperativ zu ungeheuren Exzessen führen – und hat auch immer wieder dazu geführt. Oder mit den Worten des amerikanischen Wissenschaftsjournalisten William Allman gesagt:

> *Wenn immer mehr unbekannte Gesichter in einer Ge-sellschaft auftauchen und die magische „150-Perso-nen-Schallmauer" ... durchbrochen wird, verfallen die Mitglieder dieser Gesellschaft in ein einfaches „Schubla-dendenken" und urteilen nach Äußerlichkeiten (beispiels-weise ökonomischem Status, Klassenzugehörigkeit oder Rasse), um Feind und Freund auseinanderzuhalten. Lei-der kann es innerhalb einer Gesellschaft immer wieder zu Reibereien und Dauerfeindlichkeiten zwischen Gruppen kommen, selbst wenn solche Situationen langfristig zu einem gravierenden Problem für die ganze Gesellschaft auswuchern.* (Allmann 1999, S. 333)

Die Ghettos unserer Millionenstädte sind auch nichts weiter als ein Ausdruck des Wir-Gefühls. Es ist kein Zu-fall, dass sich in einem klassischen Einwanderungsland wie den Vereinigten Staaten von Amerika Einwanderer aus dem jeweiligen Herkunftsland in den großen Städ-ten in eigenen Bezirken oder Bezirksteilen zusammen-ballten (*China Town, Little Italy* und so weiter). Leute gleicher Herkunft bleiben gern beisammen. Wenn sie dann auch noch ein gemeinsamer tiefer religiöser Glaube verbindet, dann fällt die Abgrenzung von „den Anderen" umso schärfer aus. Dieser triviale Umstand ist, wenn sie ihn denn überhaupt wahrhaben wollen, unseren In-tegrationspolitikern ein Dorn im Auge. Aber das wäre schon ein anderes Thema.

DAS KLEINE VERTRAUTE BAND

Die Sozialisation des individuellen Menschen entwickelt sich im aktiven Wechselspiel zwischen einem heranwachsenden Subjekt und der ihn umgebenden Welt. Das Individuum wird – naturgemäß ungefragt – in diese Welt geworfen, kann sich also nicht aussuchen, wo und wie es seine ersten Lebensjahre verbringt. Diese Banalität hat schon tiefgreifende (existenz-)philosophische Reflexionen beflügelt und zieht auch auf einer profanen Ebene weitreichende Konsequenzen nach sich. Denn von der Art und Weise, wie ein einzelner Mensch aufwächst, wie er mit seiner Umwelt früh interagiert, welche Chancen und Anreize ihm diese bietet, kann abhängen, ob er sich später in der Sozialhilfe engagiert oder zum Massenmörder wird. Das sind freilich Extreme, dazwischen liegen viele individuelle Entfaltungsmöglichkeiten, mit Tendenzen zum „Guten" oder zum „Bösen".

Jedenfalls wächst ein Mensch in einer Primärgruppe auf, üblicherweise mit seinen Eltern und – falls vorhanden – Großeltern und (älteren) Geschwistern, und kommt früh in Kontakt mit anderen Verwandten, bald mit anderen Altersgenossen und weiteren Menschen seiner Umgebung. Ursprünglich waren es die bereits kurz beschriebenen Gesellschaften von Jägern und Sammlern, in denen die Sozialisation des Einzelnen erfolgte, später Stammesgesellschaften und Dorfgemeinschaften. In ihnen empfing das Individuum seine ersten prägenden Erlebnisse und entwickelte seine eigenen sozialen Fähigkeiten. Es entstand ein kleines vertrautes Band. Damit soll nicht gesagt sein, dass sich die Sozia-

[handschriftliche Randnotiz: heute 17 Tage nach Geburt Mathilda]

[handschriftliche Notiz am Fuß der Seite: vgl. ein Dorf zur Erziehung eines Kindes]

59

lisation des Einzelnen in solchen Gemeinschaften stets problemlos und für den Heranwachsenden nur vorteilhaft gestaltete. Ich selbst bin in einem (damals) recht kleinen Dorf aufgewachsen und weiß noch von den „Reibereien", die auch dort auftraten und wahrscheinlich in jeder Sozietät unvermeidlich sind, unabhängig von ihrer Größe. Die völlig konfliktfreie, friedfertige Koexistenz von Menschen, die einander ausschließlich mit Sanftmut, ohne jeden Neid und Hass begegnen, gab und gibt es immer nur in idealisierten – oder ideologisch verbrämten – Vorstellungen vom Menschen. Den Erfordernissen des realen (sozialen) Lebens halten sie nicht stand.

Die Verhaltensweisen der Akteure in seiner Primärgruppe kann ein Kind recht schnell erkennen und berechnen – man darf die soziale Lernfähigkeit von Kindern nicht unterschätzen –, und es vermag sich darauf einzustellen. Dies jedenfalls, wenn die Akteure ihr Verhalten nicht ständig ändern, sondern ein wenn auch noch so grob gestricktes Verhaltensmuster erkennen lassen. So entsteht ein Band der Vertrautheit. In meiner Dorfgemeinschaft wusste ich bald, wem ich wie zu begegnet hatte, wer höflich zu grüßen war und wem ich mit weniger Höflichkeit begegnen durfte (im Allgemeinen war ich aber gut beraten, es den Erwachsenen gegenüber an Respekt nicht fehlen zu lassen). Und was mir eine gewisse Sicherheit gab, wenn ich mich außerhalb des Elternhauses bewegte, war der Umstand, dass ich den Dorfbewohnern als der Sohn eines ihnen bekannten Ehepaares vertraut war. (Dass ich später, als Jugendlicher, unter manchen Umständen gern darauf verzichtet hätte, steht auf einem anderen Blatt.) Ich erwähne diese persönlichen Erinnerungen nicht, um damit eine wissenschaftliche Überzeugung zu *begründen*, sondern um eine wissenschaftlich schon gut etablierte Theorie aus eigener Erfahrung zu *bestätigen*.

Der Mensch ist, noch einmal, das geborene Kleingruppenwesen, und jeder einzelne heranwachsende Mensch erfährt in seiner Primärgruppe jenes Maß an Vertrautheit, das er benötigt, um seinerseits seine Position in dieser Gruppe zu festigen. Heutzutage steht es uns gut an, uns als „Kosmopoliten" zu gebärden, möglichst allen Menschen vorurteilsfrei zu begegnen, uns überall daheim zu fühlen. Aber dieser verordnete Kosmopolitismus geht an unserer Natur vorbei. Wirklich verlassen kann sich jeder von uns auf nur relativ wenige Menschen. Dazu nochmals Voland (2007, S. 15f.):

> *Soziale Kohäsion kennt ... einen evolutionär gewachsenen Kitt, und der heißt Nepotismus (Verwandtenbevorzugung). Aus seiner Evolutionsgeschichte erklärt sich, warum auch beim Menschen überall auf der Welt soziale Strukturen um Verwandtschaft herum entwickelt sind und warum selbst in der Welt der Moderne mit ihren vorrangig nicht auf Verwandtschaft basierenden Sozialbeziehungen am Arbeitsplatz und in der Freizeit dennoch in persönlichen Krisensituationen auf Familiensolidarität ziemlicher Verlass ist.*

Ausnahmen mögen dabei die Regel bestätigen. Den Nepotismus kann man auch weiter fassen: Bevorzugung von persönlichen (nicht verwandten) Freunden. Aber stets sind es recht wenige Menschen, auf die jeder Einzelne von uns zählen darf, wenn er in Schwierigkeiten steckt. (Auf das Problem des Kosmopolitismus wird in Kapitel 6 noch zurückzukommen sein.)

Es mag anachronistisch erscheinen, bei den heutigen hohen Scheidungsraten – in Deutschland und Österreich liegen sie bei etwa vierzig Prozent – auf die Bedeutung der Familie hinzuweisen. Aber diese Scheidungsraten, besser vielleicht Scheidungs*quoten*, sind eines der Symptome einer schnelllebigen Zeit, die den Druck auf den Einzelnen erhöhen und den Rückzug in familiäre Vertrautheit erschweren. Zerrüttete Familienverhältnisse erzeugen, was nicht erst durch aufwändige Studien bewiesen werden muss, bei Kleinkindern ein Gefühl der Unsicherheit. Die heutige (westliche) Zivilisation reagiert darauf – und auf andere familiäre Probleme – auf ihre typische Weise: Sie hat die Familienberatung eingeführt, den *family coach*, einen neuen und irgendwie absurd anmutenden Berufszweig. Wir brauchen in dem Zusammenhang nicht in die Steinzeit zurückzugehen, um zu erkennen, dass da etwas gründlich schiefgelaufen ist. Noch unsere Großmütter hätten sich sehr darüber gewundert, dass man Familienangelegenheiten fremden Personen und Institutionen überantwortet und diesen auch noch Geld dafür geben muss. Die „Enteignung der Familie", wie ich das Phänomen einmal bezeichnen will, passt jedoch gut zu all den heute bedenklich gewordenen Tendenzen, die in den folgenden Kapiteln beschrieben werden.

Wohin ist unsere Zivilisation abgebogen? Sie hat sich von den natürlichen Anlagen des Menschen als biologisches und soziales Wesen offenbar schon ziemlich weit entfernt und könnte uns bald zum Verderben werden. Oder ist es bloß so, dass diese Zivilisation jene Anlagen verstärkt und letztlich pervertiert? Das könnte uns erst recht ins Verderben führen. Schon in ein paar Jahrzehnten werden wir wahrscheinlich mehr darüber wissen.

3.

DIE ZIVILISATION – EIN IRRTUM DER EVOLUTION?

*Indizien aus der bisherigen Menschheits-
geschichte … deuten darauf hin, daß an
irgendeinem Punkt des letzten explosiven
Entwicklungsstadiums des Homo sapiens
irgend etwas falsch gelaufen ist.*
Arthur Koestler

Die Zivilisation war in der Evolution des Menschen so wenig beabsichtigt wie der Mensch selbst. Die Evolution kennt prinzipiell keine Absicht, kein Ziel und verfolgt keinen Zweck. Unbestritten ist, dass seine Zivilisation die Lebensweise des Menschen in relativ sehr kurzer Zeit ganz entscheidend verändert hat. Und zweifelsohne ist sie ihm nützlich. Die Nutzen liegen vor allem in der Arbeitsteilung, in der effektiven Nahrungsmittelversorgung und im besseren Schutz vor den Unbilden der Natur einschließlich gefährlicher Krankheiten. (Gegenüber größeren Naturkatastrophen erweist sich die Zivilisation allerdings nach wie vor als sehr brüchig, wie man ja praktisch im Tagesrhythmus erkennen kann.) Trotz ihres Nutzens hat die Zivilisation ihren Preis. Welcher Nutzen ist denn schon umsonst zu haben?! Die großen staatlichen und Staaten übergreifenden Gebilde, aber auch kleinere Stadt- und selbst Dorfgemeinden zwingen den Einzelnen in ein Korsett von Regeln, Geboten und Verboten und verlangen ihm eine Lebensweise ab, für die er nicht gerüstet ist. Längst häufen sich die Anzeichen, dass die Zivilisation ein Irrtum war. Und es ist nur eine – alte – Utopie, dass die Zivilisation unsere Natur grundlegend ändern kann. Sollten wir, statt uns an die Zivilisation anzupassen, nicht besser die Zivilisation an uns anpassen? Meine Antwort ist ein klares Ja!

VOM NUTZEN UND NACHTEIL ZIVILISIERTEN LEBENS

Jeder von uns ist selbstverständlich froh, dass er die kalten Wintertage und -nächte in mollig geheizten Räumlichkeiten verbringen darf, die Abende und Nächte mit künstlichem Licht erhellen kann und Essbares nicht eigenhändig fangen, pflücken oder ausgraben muss. Und jeder, der krank wird, begrüßt die Errungenschaften der modernen Medizin und die heutigen Möglichkeiten der Krankenversorgung. Die Liste der Annehmlichkeiten, die uns die Zivilisation heute bietet, ist lang. Wir müssen nicht in die Steinzeit, sondern nur ein paar Jahrhunderte oder bloß einige Jahrzehnte zurückblicken, um diese Vorteile zu erkennen. Das Mittelalter wird in mancher Hinsicht seinem Attribut „finster" durchaus gerecht. So etwa schreibt Otto Zierer in seinem *Kultur- und Sittenspiegel* über das 8. Jahrhundert Folgendes:

> *Das Leben in diesem Jahrhundert ist für den Einzelnen voller Entbehrungen und Gefahren. Die durchschnittliche Lebenserwartung liegt bei knapp dreißig Jahren. Selbst das einigermaßen erträgliche Leben bei Hofe wird durch das ständige Umherziehen auf unwegsamen Pfaden, durch die Jagdvergnügungen bei jedem Wetter und den Aufenthalt in zugigen Hallen zur Anstrengung. Hygiene ist weitgehend unbekannt, die Ernährung einseitig. Die Männer dieser Zeit werden durch die zahlreichen Feldzüge dezimiert. Für die Frauen, die beim Volke schwer arbeiten müssen, ist das Kindbett das Schlachtfeld ... In dieser Hinsicht gibt es kaum einen Unterschied zwischen der armen Frau ... und der Königin.* (Zierer 1970, S. 123)

Aber auch noch über längere Etappen des 20. Jahrhunderts war es mit dem „zivilisierten Leben" im heutigen Sinn noch nicht weit her. Abgesehen davon, dass dieses Jahrhundert mit seinen zwei Weltkriegen das Leben von unzähligen Millionen Menschen auslöschte, war das uns heute Selbstverständliche bis in die späten 1960er oder frühen 1970er Jahre hinein weithin unbekannt oder ein Luxus. Und hier ist nicht die Rede von Entwicklungsländern, sondern von den Ländern unserer Breitengrade. Sofern sie in ländlichen Regionen ihre Kindheit verbrachten, erinnern sich die Leute meiner Generation noch daran, dass Wasser aus Brunnen geschöpft wurde und nicht (kalt *und* warm) aus der Wasserleitung floss; dass kaum jemand ein Auto besaß und nur sehr wenige Haushalte über einen Telefonanschluss verfügten, von Fernseh- und Fotoapparaten, elektrisch betriebenen Haushaltsgeräten wie Geschirrspülern und dergleichen ganz zu schweigen; dass in der Landwirtschaft noch viele Arbeiten – vom Melken der Kühe bis zur Kartoffel- und Rübenernte – manuell verrichtet wurden; und dass Nacht für Nacht der Ofen ausging, man also an jedem Wintermorgen zunächst in der Kälte dastand. Wir lebten damals, nach jetzt gängiger Terminologie, in Schwellenländern. Das alles hat sich mit ungeheurer Geschwindigkeit – innerhalb weniger Jahrzehnte – gewandelt. In Kapitel 5 wird noch darauf zurückzukommen sein.

Es ist sicher nicht nötig, hier auf die Vorteile, die uns die moderne Zivilisation gebracht hat, näher einzugehen. Aber es ist nicht angebracht, die Zivilisation ausschließlich als einen Segen für die Menschheit zu sehen. Sie brachte nämlich Probleme für den Menschen mit sich, die er vorher nicht hatte. Ähnlich dem viel zitierten Ausspruch über die Ehe: Verheiratet zu sein bedeutet, zu zweit Probleme lösen zu müssen, die man alleine gar nicht hätte. Das zivilisierte Leben fordert letztlich seinen Tribut. Wer denkt, dass technologischer „Fortschritt" automatisch zu einer Verbesserung der menschlichen Lebensbedingungen führt, sitzt einem Irrtum auf. Wie der amerikanische Historiker George Basalla feststellt, gibt es aus Geschichte und Gegenwart keinen Hinweis auf eine kausale Verbindung zwischen technologischer Entwicklung und „menschlichem Fortschritt". Um aber nicht im Abstrakten zu verweilen, soll an dieser Stelle kurz auf die *Zivilisationskrankheiten* eingegangen werden.

Der Begriff „Zivilisationskrankheit" ist zwar nicht eindeutig definiert (oder definierbar) und wird mitunter inflationär verwendet. Dennoch kann kein Zweifel daran bestehen, dass zwischen manchen körperlichen und seelischen Erkrankungen und dem Leben in der Zivilisation ein enger Zusammenhang besteht. Dass Belastungen am Arbeitsplatz nicht unbedingt das Wohlergehen und Wohlbefinden des Einzelnen fördern, ist einsichtig und längst auch ein Thema massenmedialer Berichterstattung. Erst jüngst wurde in verschiedenen Fernsehbeiträgen auf das rapide Ansteigen von durch berufliche Überlastung verursachten Krankenständen hingewiesen und – was ja heutzutage unvermeidlich erscheint – hervorgehoben, welche Kosten diese Krankenstände verursachen, welchen volkswirtschaftlichen Schaden sie anrichten. (Auf die Idee, dass vielleicht die Volkswirtschaft selbst die Ursache des Übels sei oder zumindest das Übel mitträgt, kommt freilich kaum jemand.) Diese Überlastung manifestiert sich körperlich und seelisch auf sehr vielfältige Weise. Seit einiger Zeit beschäftigt Mediziner unter anderem das häufige Zusammentreffen von Rückenschmerzen mit seelischen Nöten, und anscheinend ist jene Überlastung der wichtigste psychische Risikofaktor für Rückenprobleme. Auf eine vorwiegend sitzende Lebensweise wurden wir in der Evolution ebenso wenig vorbereitet wie auf feste Arbeitsplätze und deren Zwänge. Der „geknickte Mensch" im übertragenen wie im wörtlichen Sinn ist Resultat unserer heutigen Lebens- und Arbeitswelt.

Statt dabei ein *Systemphänomen* zu erkennen, begnügt man sich meist mit bloßer Symptom-Bekämpfung. Neben vielfältigen Therapien weiß man den Betroffenen auch mit allerlei guten Ratschlägen zu versorgen, ihn zum Joggen zu ermuntern oder zum Betreiben verschiedener Sportarten, die gern auch „extrem" sein dürfen. Solcherlei Freizeitbeschäftigungen überfordern den „Büromenschen" erst recht. Er sieht sich gezwungen, die wenige Zeit der Muße, die ihm sein Berufsleben erlaubt, wie von einem unsichtbaren Befehlshaber getrieben, auch noch zu verplanen. Und nicht selten zieht er sich dabei auch noch Sportverletzungen mit chronischen Folgeschäden zu. Ein *Homo erectus* oder ein Neandertaler würde, könnte er dieses ganze Treiben beobachten, wahrscheinlich den Kopf schütteln und sich sagen: Nun war es unserer Gattung nach so langer Zeit der Mühen und Plagen endlich vergönnt, in der Zivilisation zu existieren, und doch muss sie von Anfang an schon ziemlich töricht gewesen sein, wenn sie jetzt solche Torheiten produziert, wo sie doch alle Möglichkeiten hätte, endlich bequemer und angenehmer zu leben ...

Keine Frage, die Zivilisation hat ihren Preis, und zwar sogar im buchstäblichen Sinn, nämlich in Form von Krankenversicherungsbeiträgen, die umso höher werden, je fester die Zivilisation ihre Schrauben anzieht. Die Zivilisation macht uns krank und verlangt dafür von uns auch noch Beiträge. Schon in naher Zukunft wird diese Beiträge vielleicht niemand mehr zu zahlen imstande sein. Längst ist eine Zweiklassenmedizin im Vormarsch. Es müsste auch unseren Politikern und sonstigen Organisationsmenschen allmählich dämmern, dass bloße Symptom-Bekämpfung die Probleme nicht löst, sondern nur vor sich herschiebt. Die Probleme liegen an der Wurzel, in unserer Natur. Nicht diese soll sich, wie gesagt, an die Zivilisation mit ihrem mörderischen Tempo anpassen, sondern das Tempo ist zu drosseln und den natürlichen Möglichkeiten des Menschen anzugleichen. Man mag einwenden: Die Zivilisation entspricht doch den natürlichen Möglichkeiten des Menschen, sonst hätte sie sich gar nicht erst entwickelt. An diesem Einwand ist zwar etwas dran, und es ist eine Selbstverständlichkeit, dass die Zivilisation von Anfang an nicht gegen die menschliche Natur gerichtet gewesen sein kann, weil wir sonst längst ausgestorben wären. (Merkmale oder Eigenschaften, die mehr Schaden als Nutzen bringen, werden von der natürlichen Auslese eliminiert – oder der „Träger" solcher Merkmale oder Eigenschaften stirbt aus.) Aber die heutige Zivilisation entfremdet den Menschen mit allzu schnellen Schritten seinen natürlichen Dispositionen. Zynisch gesagt: Zum Aussterben ist es nie zu spät.

Doch noch ein weiteres Phänomen ist in diesem Zusammenhang erwähnenswert. Es mag paradox erscheinen, passt aber sehr gut zu einer in die Irre geleiteten Zivilisation: Die Überzeugung, krank zu sein und dadurch erst krank zu werden. Viele Menschen treibt heutzutage jeder geringfügige, kurzfristige Schmerz, jedes nicht näher definierbare vorübergehende Unwohlsein, jedes noch so geringe Anzeichen von erhöhter Körpertemperatur zum Arzt oder in die Apotheke. Eingebildete Krankheiten sind zwar nichts Neues, Hypochonder hat es auch in früheren Zeiten gegeben, aber derzeit ist das Phänomen bedenklich im Vormarsch. Der Arzt und Journalist Magnus Heier hat es in seinem köstlich zu lesenden Buch *Nocebo: Wer's glaubt wird krank* anhand vieler anschaulicher Beispiele beschrieben. Die moderne Informationsgesellschaft mit ihrem Überangebot an Information – und Fehlinformation! – über Gesundheit und Krankheit trägt dazu bei, dass das *Gefühl von Kranksein* überhandnimmt und sich viele Menschen einer langwierigen und sinnlosen medikamentösen Behandlung unterziehen, um am Ende dann wirklich krank zu werden. Auch hierüber würden sich ein Neandertaler oder ein *Homo erectus* wohl einigermaßen wundern. Allerdings ist die Suggestivkraft von Einbildungen tief in unserer Naturgeschichte verwurzelt. Auch wenn sie davon nichts wissen, gereicht dieser Umstand den Vertretern der heutigen Pharmaindustrie sehr zum Vorteil ...

↳ Link „Ökonomie"
pervertierte Form davon

DIE KOSTEN DER ZIVILISATION ODER DIE „VERHAUSSCHWEINUNG" DES MENSCHEN

Konrad Lorenz (1903 bis 1989) war nicht nur Autor einiger populärer Tierbücher und einer der Begründer der vergleichenden Verhaltensforschung – wofür er 1973 mit dem Nobelpreis ausgezeichnet wurde –, sondern auch ein unermüdlicher Mahner und Warner; ein Zivilisationskritiker, der sich mit einprägsamen Bildern und Metaphern zu artikulieren wusste. Dazu gehört sein gelegentlich gebrauchter Ausdruck „Verhausschweinung", den er als Metapher für den zivilisierten Menschen verwendete, womit er aber auch häufig Widerspruch herausforderte. Was meinte er damit?

Wer sich ein wenig mit Schweinen auskennt, dem ist die Wahrnehmung, dass Wild- und Hausschwein unterschiedliche Körperproportionen aufweisen, keineswegs fremd. Im Vergleich zum Wildschwein weist das Hausschwein einen „kastenförmigen" Körper mit einem plumpen Kopf und kurzen Extremitäten auf; und vor allem ist es fett. Das Hausschwein ist die domestizierte Form des Wildschweins, es wurde vom Menschen zum Zweck effizienter Fleischproduktion gezüchtet. Es gehört zu den ältesten Haustieren. Die Domestikation von Schweinen begann bereits im Neolithikum vor zehntausend Jahren. Eine interessante Koinzidenz: Zu der Zeit fing auch der Mensch an, seine Lebensweise grundlegend zu verändern, aus dem Jäger und Sammler wurde – in Kapitel 1 war davon die Rede – ein „urbanes"

Lebewesen. Und mit der Domestikation von Tieren begann der Mensch sich gewissermaßen selbst zu domestizieren. Die Metapher von der Verhausschweinung greift also gleich doppelt.

Lorenz wurde zwar wiederholt vorgeworfen, dass er ein Idealbild vom „edlen Wilden" entworfen habe und den zivilisierten Menschen einseitig betrachte. Diese Kritik mochte in manchen Details berechtigt gewesen sein. Aber unabhängig von Idealvorstellungen lässt sich sagen, dass sich der Mensch mit seiner Zivilisation in eine Situation hineinmanövriert hat, die ihm die längste Zeit seiner Entwicklungsgeschichte vollkommen fremd war. Was nun Auswirkungen zeigt.

Lorenz wollte mit seiner Metapher weder den Menschen noch das (Haus-)Schwein beleidigen. Er wollte nur den Umstand hervorheben, dass unter den Rahmenbedingungen seiner Zivilisation der Mensch und seine Haustiere Merkmale verlieren, die ihren Vorfahren in freier Wildbahn lebensdienlich waren, und umgekehrt Eigenschaften entwickeln, die ihrem Überleben nicht förderlich sind, vor allem Bewegungsmangel und das Ansetzen von Fett. Wobei das Hausschwein selbstredend nichts dafür kann, dass es so geworden ist, sein (heutiges) Aussehen und seine Lebensart hat der Mensch ihm aufgezwungen. Doch wer hat dem Menschen sein heutiges Aussehen und seine heutige Lebensart aufgezwungen? Man ist natürlich geneigt zu antworten: er selbst. Doch so einfach ist die Sache wiederum nicht, der Mensch hat mit sich selbst keine gezielte Zucht betrieben, wenngleich manche unserer übelsten Artgenossen zuzeiten solche „Zuchtprojekte" realisieren wollten. Wir kommen im letzten Abschnitt des vorliegenden Kapitels darauf zurück. An dieser Stelle aber ist es vielleicht nicht uninteressant zu bemerken, dass die Idee, der Mensch sei gewissermaßen ein domestiziertes Tier, bereits von Darwin (1871 [1966, S. 223]) klar ausgesprochen wurde:

> *Der Mensch kann in vielen Beziehungen mit denjenigen Tieren verglichen werden, welche schon seit langer Zeit domestiziert worden sind.*

Und was die Ähnlichkeit zwischen dem Menschen und dem Hausschwein betrifft, soll hier noch ein „unverdächtiger" Zeuge zu Wort kommen, nämlich der nicht zuletzt für seine Gruselgeschichten bekannte Edgar Allan Poe (1809 bis 1849):

> *Zwischen den Menschen und ihren Opfern besteht eine erschreckende Ähnlichkeit. Unser Leben auf Erden ähnelt leider sehr der Verbannung in einen Schweinestall, die Essensglocke erinnert an das Scheppern der Futtereimer, und wie unverkennbar ähnlich sind doch unser Schnarchen im Sessel und das Grunzen im Heu.*
>
> (zit. in Bonera 1990, S. 24 f.)

Viele Menschen wollen an solche Ähnlichkeiten wohl nicht erinnert werden. Aber ihre eigene Situation – wenn sie beispielsweise am Fließband zu arbeiten gezwungen sind, in Bergwerken oder in riesigen Bürogebäuden – ist heute doch wahrhaft nicht viel angenehmer als die von Schweinen in modernen Mastanstalten. Die Essensglocke und das Schnarchen im Sessel wecken ja noch Assoziationen mit Wohlbefinden, und Poe hatte wahrscheinlich den wohlhabenden Bürger seiner Zeit im Auge. Wirklich „armen Schweinen" unter den Menschen geht es heute wesentlich schlechter. Und ich rede hier nicht von den Slum-Bewohnern der Megastädte auf der Südhalbkugel unseres Planeten, sondern von Teilen der arbeitenden Bevölkerung in den Industriegesellschaften (die allerdings solche Städte erst entstehen ließen).

In den Ländern unserer Breitengrade gibt es heute, wie jedermann weiß, Arbeitnehmerschutzgesetze. Wunderbar, aber was hilft der Arbeitnehmerschutz all jenen Leuten, die steigenden Leistungsdruck bei gleichbleibendem (oder gar sinkendem) Lohnniveau auszuhalten gezwungen sind?! Und in unseren wohlhabenden Ländern wächst die Zahl der Menschen, von denen gute Arbeit bei geringer Entlohnung verlangt wird und die, Arbeitnehmerschutz hin oder her, von ihren Betrieben gehetzt werden wie Schweine zum Schlachthof. Die „Stechuhr", die die „Arbeitsmoral" kontrolliert, ist ja schon hinreichend bekannt. In manchen Firmen aber bekommen die Mitarbeiter mittlerweile eine Art elektronischen Chip, ein sogenanntes *badge*, womit jeder Gang zur Toilette registriert und vermerkt wird, wie viel Zeit der Betreffende an diesem unentbehrlichen Ort pro Tag verbringt. Ich nenne Namen solcher Betriebe hier nicht. Denn es ist doch nicht ganz auszuschließen, dass einem ihrer Manager dieses Buch in die Hände fällt und er mich verklagt, weil er mit Schweinen in Verbindung gebracht wird. Doch dem interessierten Leser – falls er nicht ohnedies weiß, wovon ich rede – gebe ich gern persönlich Auskunft darüber. So oder anders, unter dem Diktat der Wirtschaft wird eine moderne Sklaverei betrieben. Arbeitnehmerschutzgesetze, politische Korrektheit und der ganze Firlefanz gereichen vielen Arbeitnehmern nur zum Hohn.

Nun müssen wir uns aber noch ein wenig allgemein mit dem Verhältnis von Natur und Kultur beschäftigen, um besser einschätzen zu können, in welcher Weise die Zivilisation uns heute zur Bedrohung geworden ist und unserer Spezies immer weniger zuträglich wird.

UNSERE NATUR IST NICHT ZU BESCHWINDELN

vgl. andere stereotype Meinungen

Zu den stereotypen Meinungen hinsichtlich des Wesens des Menschen und seiner Entwicklungsmöglichkeiten gehört, dass die Kultur seine Natur „überformt" habe. In Wirklichkeit aber bietet die Kultur dem Menschen ungeahnte Möglichkeiten, seine natürlichen Anlagen noch zu verstärken, sie jedenfalls stärker ins Blickfeld zu rücken. In wohl keinem anderen Bereich wird dieser Umstand besser sichtbar als im Bereich der Sexualität oder, ganz allgemein, der Partnerfindung und Paarbildung. Kulturelle Innovationen fördern unsere ursprünglichen „Sexualinstinkte". Man denke dabei an die Erfindung und fortgesetzte Verbesserung von Fotoapparaten und Videokameras, welche den Geschlechtsakt in eine virtuelle Welt transportieren, die jedoch beim Betrachter natürliche Instinkte wachruft. Technologien, die primär anderen Zwecken zugedacht waren, werden von vielen Menschen also nebenher auch dazu verwendet, ihre sexuellen Gelüste zu befriedigen. So dient das Telefon, dem ursprünglich definitiv völlig andere Funktionen zugedacht wurden, auch dem „Telefonsex"; vom Internet ganz zu schweigen. Da die Reproduktion zu den elementaren Antrieben im Verhalten der Organismen überhaupt gehört, braucht es uns nicht zu überraschen, dass ein Lebewesen mit ausgeklügelter Technologie – bei ganzjähriger und viele Jahrzehnte dauernder Paarungsbereitschaft – diese gezielt in den Dienst jener Antriebe zu stellen weiß.

Die Kultur liefert unseren archaischen Verhaltensantrieben nie dagewesene Entwicklungsmöglichkeiten; sie ist ein diesen sehr willkommenes Ventil. Die kosmetische Industrie und die Bekleidungsindustrie helfen, die sexuelle Attraktivität zu erhöhen. Parfum, Lippenstift, Make-up, Stöckelschuhe, eng anliegende Hosen und Pullover, Bikinis – sie sind Produkte der *kulturellen Evolution*, die ganz gezielt in den Dienst der Partnerfindung gestellt werden, olfaktorische und optische Signale, die Paarungsbereitschaft und reproduktive Eignung anzeigen sollen. Wüssten sie von diesen Möglichkeiten, würden andere Tiere uns wahrscheinlich darum beneiden ... Pfauenmännchen beispielsweise können ihre langen Schwanzfedern bei der Balz zu einem „Rad" formen und auf diese Weise die Aufmerksamkeit von Weibchen erregen. Zusätzliche „Hilfsmittel" stehen ihnen nicht zu Gebot. Wir Menschen verfügen zwar über kein auffälliges Federkleid – auch nicht über ein imposantes Geweih oder ein Furcht einflößendes Gebiss –, doch hilft uns unsere Kultur, sehr vielfältige Ersatzgebilde, „Ersatzorgane" zu erzeugen, die mindestens dieselbe oder eine noch größere Wirkung haben: goldene Uhren, Pelzmäntel, Aktien, schnelle Autos, Adelsprädikate, Orden ...

So wie unterschiedliche Erfindungen der Kultur in den Dienst des biologischen Imperativs „Finde einen Partner!" gestellt werden, so hilft dieser Imperativ allerdings umgekehrt auch, Produkte der Kultur zu vermarkten. Aus der Werbung sind sexuelle Signale schwer wegzudenken. Eine Autofirma oder ein Getränkehersteller tun gut daran, nicht bloß ihre Produkte vorzustellen und anzupreisen, sondern ihnen auch ein sexuelles Signal, eine zumindest halbnackte Frau beizugeben. Inzwischen erfüllen Männer in der Werbung, im Sinne der Gleichberechtigung, denselben Zweck. Ein spärlich beschürzter Tarzan in Verbindung mit einem flotten Auto ist gar keine schlechte Idee. Das Auto fungiert dem Affen in uns nicht nur als Fortbewegungsmittel, sondern kann auch stammesgeschichtlich alte Verhaltensantriebe unterstützen und dient als Statussymbol. Aber allein als Fortbewegungsmittel ist es faszinierend genug. Ein Primat, der über Jahrmillionen nur zu Fuß und also ziemlich langsam unterwegs war, muss sich von Geschwindigkeit angezogen fühlen. Als Jäger konnte er seinen Erfolg ursprünglich bloß durch effektives Aufspüren, Verfolgen und Erlegen seiner Beute demonstrieren, was manche Anstrengung erforderte (und selbstverständlich einen intakten Fortbewegungsapparat zur Voraussetzung hatte). Das Auto bietet ihm jetzt ganz andere Möglichkeiten. In der Regel verfolgt er damit zwar keine Beute, ist aber umso schneller an jedem beliebigen Ziel (inzwischen allerdings nur noch, wenn er sein Gefährt durch keine verstopften Straßen schieben muss).

Dass der heutige Geschwindigkeitsrausch unserer Art aber letztlich nicht angemessen ist, wird noch in Kapitel 5 deutlich werden. An dieser Stelle bleibt nur festzuhalten, dass sich unsere Natur nicht beschwindeln, nicht überwinden, nicht grundsätzlich ändern lässt. Die knappen Überlegungen von vorhin mögen deutliche Hinweise darauf liefern. Was in Äonen unter dem Einfluss der natürlichen Auslese zusammengezimmert wurde, kann sich nicht binnen kürzester Zeit (innerhalb weniger Jahrhunderte oder gar bloß Jahrzehnte) völlig neuen Gesetzmäßigkeiten unterwerfen – und dies dann auch noch zum Wohl der davon betroffenen Spezies.

Wenn aber, wie gesagt wurde, seine Kultur dem Menschen neue Möglichkeiten bietet, seine natürlichen Anlagen zu verstärken, dann, so wird man vermuten, muss sie doch unserer Art gerecht sein. Mit dieser Vermutung, die als kritische Antwort auf verschiedene in diesem Buch getroffene Aussagen ins Feld geführt werden könnte, müssen wir uns ernsthaft befassen. Wie also sollte sich denn eine unserer Art *nicht* gerechte Kultur beziehungsweise Zivilisation überhaupt entwickelt haben? Ist sie nicht vielmehr nur ein ganz bestimmtes Merkmal unserer Spezies? Ja, das ist sie, aber ...

In der Biologie und Medizin kennt man das Phänomen der *Hypertrophie*, die Vergrößerung eines Organs oder Gewebes etwa bei erhöhter Leistungsanforderung. Aus der Paläontologie sind viele Beispiele hypertrophen Wachstums einzelner Organe bekannt („Exzessiv-Bildungen"), die deren „Trägern" zunächst durchaus nützlich waren, aber letztlich entscheidende Nachteile brachten. Beispielsweise erreichte das Geweih des eiszeitlichen Riesenhirsches *Megaloceros* eine Spannweite von über drei Metern. Ihr Geweih dient den (männlichen) Hirschen allgemein als Imponier-Organ; je ausgeprägter und mächtiger es also entfaltet ist, desto höher sind ihre Chancen, eine Geschlechtspartnerin zu finden und sich fortzupflanzen. Der Riesenhirsch aber hat mit seinem Geweih deutlich „übers Ziel geschossen" und ist längst ausgestorben. Vor allem schien er Probleme gehabt zu haben, sich nach der Eiszeit an seine durch Wiederbewaldung gekennzeichneten neuen Lebensumstände anzupassen. Pfaue sind zwar noch nicht ausgestorben, aber wenn sie so weitermachen, könnte ihnen ein ähnliches Schicksal blühen. Was werden einem Pfau immer auffälligere Schwanzfedern nützen, wenn sie ihn schließlich bewegungsunfähig machen sollten?! Einer potentiellen Partnerin wird er damit kaum noch imponieren können.

Das menschliche Gehirn, welches innerhalb relativ kurzer Zeit ein beträchtliches Volumen erreicht hat (siehe Kapitel 1), kann auch als ein hypertrophes Organ angesehen werden. Arthur Koestler (1905 bis 1983) bemerkt kritisch Folgendes dazu:

> *Es ist völlig beispiellos, daß die Evolution einer Spezies ein Organ zukommen läßt, mit dem diese Spezies nichts anzufangen weiß: ein Luxusorgan ..., das die unmittelbaren, primitiven Bedürfnisse seines Eigentümers himmelweit überschreitet; ein Organ, bei dem die Spezies Jahrtausende benötigen wird, um seine richtige Nutzung zu erlernen, sofern ihr das überhaupt jemals gelingt.* (Koestler 1968, S. 325)

Das klingt sehr pessimistisch. Aber es ist offensicht-lich, dass unser Gehirn seinerseits Hypertrophien in unserem Denken produziert, als ob es seine enormen Potenziale gleichsam zwanghaft zu entfalten bestrebt sei, ganz gleich in welche Richtung. Ein kleines Gedan-kenexperiment dazu. Aus Angst vor Einbrechern lässt jemand ein Sicherheitsschloss an seiner Wohnungstür anbringen. Dann aber überkommen ihn Zweifel: Ist dieses Schloss tatsächlich wirksam genug? Nein, zwei sind doppelt so sicher. Dann aber müssen drei oder gleich vier (logisch) noch wesentlich mehr an Sicher-heit bieten. Irgendwann (vielleicht bei zehn solchen Schlössern) wird sich der um seine Wohnung und sein Eigentum Besorgte endlich sicher fühlen. Nun aber stelle man sich vor, dass in der Wohnung ein Brand ausbricht. Je mehr Sicherheitsschlösser an der Woh-nungstür angebracht sind, desto länger dauert es, diese von innen zu öffnen und sich in Sicherheit zu bringen. Da der Wohnungsinhaber infolge des Brandes auch in Panik gerät und die Bewegungen seiner Hände nicht mehr ganz zu kontrollieren weiß, macht er beim Öff-nen der Schlösser Fehler und braucht ziemlich lang, um ins Freie zu gelangen. Vielleicht zu lang, und er wird zum Brandopfer – genau gesagt zum Opfer seines gesteigerten Sicherheitsbedürfnisses.

Der österreichische, vor allem in Kalifornien wir-kende Psychotherapeut, Kommunikationsforscher und Philosoph Paul Watzlawick (1921 bis 2007) gebrauchte den Ausdruck „Patendlösung", um zu verdeutlichen, dass nach der Logik des Sicherheitsfanatikers gefun-dene Patentlösungen gleichsam „Endlösungen" für ihn

Watzlawick

selbst sind. Nun ist ein einzelner Sicherheitsfanatiker vergleichsweise harmlos, schlimmstenfalls schafft er sich also selbst ab. Doch die gesamte menschliche Zivilisation macht heute den Eindruck, dass sie einer Patendlösung zustrebt. Alles, was Menschen an ihr für gut befinden, vervielfältigen und vergrößern sie, in unzähligen Fällen nicht nur zehnmal, sondern hundert- und tausendmal. Immer mehr Straßen müssen gebaut werden, immer mehr Brücken; kein Hochhaus ist hoch, kein Supermarkt groß, keine Eisenbahn schnell genug … Überall sind Patendlöser am Werk, die der scheinbar zwingenden „Logik" blind folgen, dass die Vervielfältigung des Guten zum Besseren führt, ohne zu wissen, was sie damit anrichten. (Näheres dazu noch in Kapitel 5.) Beispielsweise reagiert man auf immer größeres Verkehrsaufkommen mit dem Bau neuer Straßen. Die wiederum bewirken ein noch größeres Verkehrsaufkommen, sodass abermals neue Straßen errichtet werden und so weiter und so fort. In seiner letzten Konsequenz wird dieser Prozess früher oder später dazu führen müssen, dass es keine Landschaften, sondern nur noch Straßen geben wird – die aber allesamt verstopft sein werden, sodass niemand mehr irgendwohin fahren wird können …

Der amerikanische Ökonom John Kenneth Galbraith (1908 bis 2006) hat vor Jahrzehnten schon kritisch darauf hingewiesen, dass wir uns ständig abmühen, überflüssige Produkte herzustellen, um künstlich „Bedürfnisse" zu befriedigen, die letztlich nur durch die Werbung hervorgerufen werden. Warum eigentlich? Die steinzeitlichen Jäger und Sammler wollten zunächst lediglich ihre unmittelbaren Bedürfnisse befriedigt wissen. Sollten sie etwas erbeutet oder gefunden haben, was diese Bedürfnisse überstieg, aber ihre Aufmerksamkeit erregte und Freude in ihnen auslöste (allzu oft dürfte das nicht der Fall gewesen sein), haben sie das betreffende Objekt wohl nicht einfach liegen gelassen. Das war harmlos. Was werden sie denn schon gefunden haben?! Ein auffällig strukturiertes Schneckengehäuse, einen ihnen bemerkenswert erscheinenden Stein, ein abgebrochenes Hirschgeweih ... (Im letzten Fall mögen sie aber gleich auf das unmittelbar Nützliche bedacht gewesen sein und sich gefragt haben, wo denn der Hirsch geblieben sein mag, der ja eine üppige Mahlzeit versprach. Oder sie werden die Geweihenden als Waffen beziehungsweise Werkzeuge benutzt haben.) In der heutigen Konsumgesellschaft jedoch werden unzählige Dinge produziert, denen keine andere Bestimmung anhaftet als die Aufmerksamkeit eines potenziellen Käufers zu erregen, der nicht fragt, was er *braucht* und was ihm etwas *bedeutet*. Dem steinzeitlichen Jäger in uns ist die für sein unmittelbares Leben und Überleben unentbehrliche Beute abhanden gekommen. Aber er bedarf ihrer nicht mehr, weil ihn seine Zivilisation ohnedies mit allem Notwendigen versorgt. Doch juckt es ihn unter den Fingernägeln. Er fühlt sich (sofern noch nicht vollkommen träge geworden) angetrieben, irgendetwas zu „erbeuten" (freilich nur, wenn ihm sein Terminkalender gestattet, diesen Antrieb auszuleben). Also macht er sich auf den Weg nach einer Ersatzbeute, um seine ursprünglichen Jagdgelüste trotzdem noch irgendwie zu befriedigen. Doch nein, er muss sich ja nicht mehr „auf den Weg" begeben, wozu gibt es denn Online-Shopping! Es ist eine, so oder so, freilich insgesamt ziellos gewordene oder übers Ziel hinausschießende „Jagd" nach Gegenständen, deren Nutzen objektiv gesehen fragwürdig erscheinen mag, sich aber – in den Augen des „modernen Jägers – allein aus ihrer bloßen Verfügbarkeit ergibt. Die Wirtschaftsform der westlichen Industriegesellschaft zielt nicht mehr auf die Befriedigung der unmittelbaren Bedürfnisse des Konsumenten ab, sondern ist in erster Linie bestrebt, *Bedürfnisse zu schaffen*. Der Steinzeitmensch in uns reagiert darauf unreflektiert und positiv. Die bloße Verfügbarkeit von irgendetwas verschafft ihm das Gefühl, dieses Etwas auch, wenn schon nicht zu brauchen, so doch zumindest besitzen zu sollen. Seiner überdrüssig geworden, kann er es jederzeit wieder wegwerfen und durch ein neues (überflüssiges) Etwas ersetzen, das sich wiederum durch keine besondere und langfristige Brauchbarkeit ausweisen muss. Und so dreht sich die Spirale weiter. Eines der besten Beispiele dafür ist die moderne Spielzeugindustrie. Kinder werden heutzutage mit so viel Spielzeug überhäuft, dass sie jedem einzelnen Objekt nur sehr kurz ihre Aufmerksamkeit schenken (können), um sich gleich auf das nächste zu stürzen. (Man kann ja nicht früh genug damit beginnen, Menschen zu Konsumtrotteln zu erziehen.)

Die heutige Zivilisation ist also in gewissem Sinne ein hypertrophes Organ. Sie ist zwar unserer Art eigen, wird aber deren „ureigenen" Bedürfnissen immer weniger gerecht. Der Mensch ist zwar als biologische

Spezies an Kultur angepasst, das heißt, seine Natur erlaubt ihm, Kultur auf eine Weise zu produzieren, die die entsprechenden Fähigkeiten anderer Primaten (vor allem Schimpansen) bei Weitem übertrifft. Aber das bedeutet keineswegs, dass sich *Kultur in jedem ihrer Aspekte* und *auf Dauer* für den Menschen nützlich erweisen muss. Die Zivilisation in ihrer jüngsten Ausprägung erweist sich mehr und mehr als Irrweg. Sie war, wie gesagt, nicht beabsichtigt. Aber auch die Pfauenfedern waren nicht beabsichtigt. Da die Evolution – im Gegensatz zu einer immer wieder anzutreffenden Irrmeinung – von keinem intelligenten Planer ersonnen wurde, bewegt sie sich fortwährend auf einem Zickzack-Kurs, der häufig genug in eine Sackgasse mündet. Sollte das im Falle unserer Zivilisation anders sein? Nein. Unsere Zivilisation ist nur eine dünne Gipsschicht auf einem alten, in Jahrmillionen konsolidierten Gesteinsbrocken. Ihre Bewährungsprobe hat sie noch lange nicht bestanden. Die Anzeichen mehren sich, dass sie ihren „Träger" bereits in eine Sackgasse geführt hat, weil sie an seinem stammesgeschichtlichen Erbe sozusagen vorbeiläuft. Mit anderen Worten:

> *Man kann zum biologischen Erbe stehen, wie man will: es hassen, ignorieren, respektieren oder lieben. Aber Tatsache ist: Nur ein Leben, das nicht gegen, sondern mit der eigenen Natur geführt wird, kann auf Dauer erfolgreich sein.* (Paul 2012, S. 279)

DIE ZIVILISATION IST UNS EINFACH PASSIERT

Wie kam es überhaupt dazu, dass sich der Mensch seine Zivilisation schuf? Schließlich kennen wir dafür in der ganzen, sehr langen Geschichte des Lebens auf der Erde keinen Präzedenzfall. (Möglicherweise existieren in den Weiten des Weltalls noch andere Zivilisationen, aber von diesen wissen wir nichts.) In Kapitel 1 war bereits die Rede davon, wie und warum Menschen sesshaft wurden. Mit der Sesshaftigkeit freilich war das zivilisierte Leben, wie wir es heute kennen, nicht „angelegt". Mit ein wenig Phantasie kann man sich vorstellen, dass es bei den einfachen Behausungen der ersten Ackerbauern und Viehzüchter hätte bleiben können; dies umso mehr, als bis in die Gegenwart hinein ein paar Menschengruppen von der Zivilisation im heutigen Sinn nicht erfasst sind. Die jetzige Zivilisation war jedenfalls nicht vorgesehen, von niemandem geplant. Die Zivilisation, meinte der Wiener Biologe Rupert Riedl (1925 bis 2005), sei uns einfach passiert. So ist es. Freilich war das ganze Geschehen von den ersten Siedlungen zu den heutigen Megastädten kein einfaches. Es war ein komplexer Prozess der *Selbstorganisation*, des Ineinandergreifens zahlreicher Mechanismen, der verwickelten Wechselwirkung zwischen gesellschaftlichen, technologischen, ökonomischen und ideologischen Faktoren, die niemand durchschaute und die auch heute nur mit einiger Mühe rekonstruierbar sind.

Der Soziologe Norbert Elias (1897 bis 1990) widmete dem Prozess der Zivilisation ein umfangreiches und bis heute viel beachtetes Werk. Er stellt darin fest, dass dieser Prozess nicht rational, durch zielbewusste Steuerung *einzelner* Menschen oder Menschengruppen stattgefunden habe. Ausdrücklich weist er aber darauf hin, dass Absichten und Handlungen einzelner Menschen beständig ineinandergreifen und so eine Entwicklung in Gang setzen, die ihre eigene Ordnung entfaltet:

> *Diese fundamentale Verflechtung der einzelnen, menschlichen Pläne und Handlungen kann Wandlungen und Gestaltungen herbeiführen, die kein einzelner Mensch geplant oder geschaffen hat. Aus ihr, aus der Interdependenz der Menschen, ergibt sich eine Ordnung von ganz spezifischer Art, eine Ordnung, die zwingender und stärker ist als Wille und Vernunft der einzelnen Menschen, die sie bilden.*
>
> (Elias 1976, Band 2, S. 314)

Allerdings darf diese Ordnung nicht metaphysisch gedacht werden. Es sind *einzelne Menschen*, die sie geschaffen haben, wenn sie auch nicht wussten, wohin ihre „Schöpfung" letztlich führen wird. Noch nie war es einem Erfinder, der mit seiner Konstruktion einen ganz bestimmten Zweck verfolge, wirklich bewusst, welche Nebenwirkungen diese zeitigen könnte (und gezeitigt hat). Und als die ersten Europäer in der Neuen Welt ankamen, hatten sie keine Ahnung, wie rasch (innerhalb weniger Jahrhunderte) sich der amerikanische Kontinent wandeln würde, bloß deshalb, weil er (von Europäern, die obendrein dachten, in Indien gelandet zu sein) entdeckt worden war.

In gewissem Sinne verhält es sich mit unserer Zivilisation freilich so wie mit dem Geweih des Riesenhirschen oder den Schwanzfedern des Pfaus. Diese bizarren Gebilde sind den Tieren einfach passiert, ohne dass sie etwas dafür oder *dagegen* tun konnten. Da sie ihnen ursprünglich Vorteile brachten, hätten sie sogar für den spekulativen Fall, dass ihnen die Entwicklung bewusst gewesen wäre, natürlich nichts dagegen getan. Seine Zivilisation brachte dem Menschen Nutzen, aber er dachte – trotz seiner kognitiven Kapazitäten, welche die eines Hirsches oder Pfaus im Allgemeinen um einiges übersteigen – nicht daran, dass sie ihm davongaloppieren wird. Zivilisationskritiker hat es zwar so gut wie immer gegeben, aber nie wussten sie – nie konnten sie wissen –, was die Zivilisation über ihren jeweiligen Zeithorizont hinaus sonst noch alles bringen wird. Aus der Perspektive einer Gegenwart kann die Zukunft nur verschwommen wahrgenommen werden. Wir befinden uns heute nach wie vor in derselben Lage.

Aber wir könnten inzwischen aus der Evolution der Organismen gelernt haben, dass sie letztlich aus lauter Sackgassen besteht. Keine Art von Lebewesen ist „perfekt", in der Evolution gibt es nur das *relative Optimum* – und auch das meist nur vorübergehend. Sonst wäre unverständlich, dass seit der Entstehung des Lebens auf der Erde vor beinahe vier Jahrmilliarden schätzungsweise eine Milliarde Arten ausgestorben sind. Gewiss, die Gründe für das Aussterben von Arten sind vielfältiger Natur, aber es kann an dieser Stelle nicht näher darauf eingegangen werden. Der Hinweis mag genügen, dass *Homo sapiens* keine Ausnahme darstellt, dass er sich aus dem „großen Lebensstrom" nicht hinauskatapultieren und demzufolge genauso verschwinden kann wie die unzähligen Arten in der Erdgeschichte vor ihm. Da nun aber doch manche von uns bemerken, dass unsere Zivilisation immer schneller in eine Sackgasse gerät, könnten wir vielleicht die Notbremse ziehen.

> Das ist leicht gesagt. Wo sollen – und können wir überhaupt – das Bremsmanöver ansetzen? Im großen Geschiebe unserer Massengesellschaften, in dem jeder Einzelne – verständlicherweise – pausenlos auf der Hut sein muss, dass er nicht auf der Strecke bleibt, dominieren in erster Linie andere Sorgen. Das ist ja gerade das Fatale. Die Menschen sollen nicht bemerken, dass etwas faul ist in ihrer schönen neuen Welt, sondern in dem Glauben gelassen werden, dass in allen ihren Lebensbereichen beständig ein Fortschritt erzielt wird. Die Frage, wie dieser denn eigentlich zu bemessen sei, soll erst gar nicht aufkommen. Aber auf jeden Fall kommt uns manches, was als „Fortschritt" bezeichnet wird, teuer zu stehen.

Unsere heutige (westliche) Zivilisation wäre freilich nicht die erste, die untergeht. In seinem umfang- und inhaltsreichen Werk *Kollaps* beschreibt der amerikanische Evolutionsbiologe und Anthropologe Jared Diamond den Untergang verschiedener Zivilisationen in der Vergangenheit und findet dafür gemeinsame Grundmuster. Der Niedergang einer Zivilisation ist praktisch immer an schnelles Bevölkerungswachstum, Zerstörung der natürlichen Lebensräume und politische Fehlkalkulationen gekoppelt. Das erinnert natürlich stark an unsere Zivilisation. Man sollte meinen, dass wir aus früheren

Untergängen etwas lernen und heute die Dinge besser machen könnten. Unsere Zivilisation erscheint ja als außergewöhnlich innovativ. Allerdings weisen ihre Innovationen – wie in den nächsten Kapitel noch anhand einiger Beispiele zu erörtern bleibt – in eine Richtung, die uns Angst einflössen muss.

In der Evolution der Lebewesen hatte noch jede Innovation ihren Preis. Die insgesamt bedeutendste Innovation in der (biologischen) Evolution des Menschen, die schnelle Vergrößerung und Differenzierung des Gehirns (siehe nochmals Kapitel 1), hat dieser Gattung zwar immense Vorteile gebracht, aber es macht sie auch anfällig für Hirngespinste. Nur ein mit Vernunft begabtes Lebewesen kann zugleich unvernünftig sein, Ideologien ersinnen und von besseren Welten träumen. Diese Träume wären nicht schlimm, würden sie Träume bleiben. Aber sie dringen in die Realität vor und ergreifen also den Träumer auch im Wachzustand. Genau gesagt: Einige unserer Träumer, religiöse und säkulare Propheten, glaubten schon immer zu wissen, welcher Platz dem Menschen in dieser Welt zugewiesen sei – und wie sich das Individuum in ihre Träume einzufügen habe.

Glaube
Ideologie

4.

DIE VERMASSUNG DES INDIVIDUUMS

Die individuelle Freiheit ist kein Kulturgut. Sie war am größten vor jeder Kultur, allerdings damals meist ohne Wert, weil das Individuum kaum imstande war, sie zu verteidigen.
Sigmund Freud

Die Alpha-Tiere des *Homo sapiens* oder die, die sich dafür halten, haben in erster Linie das Ziel, das Individuum zu entmündigen, den Einzelnen ihren eigenen Zielen unterzuordnen, ihm vorzuschreiben, wie er zu leben hat. Die Rollen dieser „Tiere" spielten in früheren Zeiten Kaiser und Könige, Päpste und Bischöfe, inzwischen sind Politiker und Manager von Großkonzernen und Banken in diese Rollen geschlüpft. Wobei Politiker zunehmend nach der Pfeife – um nicht zu sagen: nach den Pfeifen – der Wirtschaft tanzen. Es wäre allerdings zu billig, nur politischen Führern und multinationalen

vgl. Goethe Zitat
"Niemand ist hoffnungsloser
versklavt als der, der fälschlicher weise glaubt
frei zu sein."
J.W. Goethe

4. DIE VERMESSUNG DES INDIVIDUUMS

Konzernen die ganze Schuld an der heutigen Misere
zuzuschieben. Sie hätten ja keine Chance, ihre jeweiligen – oft genug dubiosen – Absichten zu verwirklichen,
wenn sich nicht so viele Menschen von ihnen blenden
ließen und freiwillig in ihre Falle liefen. So wie unzählige Menschen bereit sind, jede beliebige Modetorheit
mitzumachen und sich jedem Trend anzupassen – ohne
zu wissen, was der jeweilige „Trend" eigentlich soll und
wer ihn denn gesetzt hat –, so sind sie eben auch willig,
sich dem Diktat ihrer Führer und Institutionen zu beugen. Das Kleingruppenwesen Mensch hat früh in seiner
Evolutionsgeschichte begriffen, dass es sich auszahlt,
kundigen Alpha-Tieren zu folgen. Aber sein „Nach-
folgeinstinkt" führt ihn unter den heutigen, komplexen
ökonomischen und politischen Bedingungen zunehmend in die Irre. In der steinzeitlichen Horde war das
Alpha-Tier auch unmittelbar und authentisch präsent
und konnte den anderen kaum etwas vormachen. Wenn
es versagte, wurde dieser Umstand sofort sichtbar. Das
Versagen von heutigen Politikern und Managern von
Großkonzernen und Großbanken wird meist erst spät
– zu spät – bemerkt. Und obendrein ist dann oft gar
nicht auszumachen, wer denn eigentlich für irgendeine Schweinerei wirklich verantwortlich ist. Wer ist für
die Schuldenkrise in Griechenland verantwortlich? Wer
für das ganze Finanzdebakel in der Eurozone? Um ein
Wortspiel von Rupert Riedl aufzugreifen: Es sind lauter
unverantwortlich Verantwortliche, die zu verantworten hätten, was keiner mehr verantworten kann. Was
also mehr denn je gefragt ist, ist der *mündige Bürger,*
der nicht einfach mitläuft, sondern Verantwortung für

sich selbst übernimmt. Der aber auch zu erkennen gibt, dass er nicht bereit ist, fortgesetzt für die Fehler seiner Führer zur Kasse gebeten zu werden (im übertragenen, vor allem aber auch im buchstäblichen Sinn des Wortes); dass er zum Beispiel das andauernde Brimborium von „Sparpaketen", „Maßnahmenpaketen", „Schutzschirmen" und dergleichen nicht mehr zu ertragen vermag, sondern wissen will, was eigentlich gespielt wird. Der mündige Bürger muss aber eines Phänomens gewahr werden, das sich seinen Absichten in den Weg stellt: der Masse, die sich bereitwillig jedem Konformitätsdruck beugt, auch wenn ihr nicht klar ist (nicht klar sein darf), woher dieser Druck denn eigentlich kommt und warum man ihm nachgeben soll.

DER MASSENMENSCH – FIKTION UND WIRKLICHKEIT

Der spanische Philosoph José Ortega y Gasset (1883 bis 1955) gab in seinem 1929 erschienenen Werk *La rebelión de las masas* (*Der Aufstand der Massen*) bereits eine treffende Analyse der Vermassung des Individuums in moderner Zeit:

> *Anderssein ist unanständig. Die Masse vernichtet alles, was anders, was ausgezeichnet, was persönlich, eigenbegabt und erlesen ist. Wer nicht „wie alle" ist, wer nicht „wie alle" denkt, läuft Gefahr, ausgeschaltet zu werden. Und es ist klar, daß „alle" eben nicht alle sind. „Alle"*

waren normalerweise die komplexe Einheit aus Masse und andersdenkenden, besonderen Eliten. Heute sind „alle" nur noch die Masse.

(Ortega y Gasset 1929 [1958, S. 160])

Ortega y Gassets Analysen des Massenmenschen haben natürlich nicht nur Zustimmung gefunden. Aber ist es etwa nicht richtig, und ist es nicht besonders auch ein Kennzeichen der heutigen Zeit, dass „Anderssein" unerwünscht ist? Wünscht man sich in Politik und Wirtschaft – auch wenn es selbstverständlich kaum jemand offen ausspricht (am wenigsten Politiker und Wirtschaftsmanager) – nicht eine uniforme Masse, die alles mitmacht, alles kauft und allem nachläuft, was „im Trend" liegt? Leicht könnte man heute, wenn man die Augen nicht weit genug öffnet, den Eindruck gewinnen, dass der Grad an Individualisierung in letzter Zeit gestiegen sei. Dieser Eindruck aber ist irreführend. Denn indem man dem Individuum sozusagen offiziell zu verstehen gibt, dass es in seiner Eigenart viel zählt, will man ja diese seine Eigenart in ein allgemeines Schema einordnen. Abermals ist dabei an die Werbung zu denken, die bei der Vermarktung unterschiedlichster Produkte an individuelle Bedürfnisse appelliert, die aber möglichst *alle* entwickeln sollten. So wird aus Individuen doch wieder nur eine Masse.

Der amerikanische Rechtswissenschaftler und Soziologe David Riesman (1909 bis 2002) nahm in seinem einflussreichen Buch *The Lonely Crowd (Die einsame Masse)* den Konformismus seiner Landsleute aufs Korn und stellte kritisch folgende Frage:

Ist es vorstellbar, daß diese wirtschaftlich so begünstigten Amerikaner eines Tages aufwachen werden, um zu erkennen, daß sie „überkonform" sind? Daß sie aufwachen, um die Entdeckung zu machen, daß eine Fülle von ritualisierten Verhaltensweisen nicht das Ergebnis eines unausweichlichen sozialen Imperativs, sondern einer Vorstellung von einer Gesellschaft sind, die zwar falsch ist, aber trotzdem bestimmte „sekundäre Zielsetzungen" für jene liefert, die an sie glauben? (Riesman 1958, S. 318)

Aber Riesman verlieh in seinem Buch auch der Überzeugung von der grundsätzlichen Verschiedenheit der Menschen Ausdruck. Für ihn stand eines fest:

Die ungeheure potentielle Mannigfaltigkeit der Natur und die Fähigkeit des Menschen zur Differenzierung seiner Erfahrung kann von dem Individuum selbst als ein Wert erfahren werden, so daß es zur Anpassung weder versucht noch gezwungen, noch, wenn diese mißlingt, zur Anomalie getrieben wird. Die Idee, daß die Menschen frei und gleich geschaffen sind, ist wahr und zugleich irreführend: die Menschen sind verschieden geschaffen und sie verlieren ihre soziale Freiheit und ihre individuelle Autonomie, wenn sie versuchen, einander gleich zu werden. (S. 320)

Nun sind Konformismus und „Überkonformismus" kein Exklusivmerkmal der Amerikaner, sondern machen sich inzwischen in Europa genauso bemerkbar. Nicht weil alle Menschen – Amerikaner oder Europäer – gleich sein *wollen*, aber die Konformität wird ihnen geradezu aufgezwungen; aufgezwungen von denen, die sich zu Alpha-Tieren berufen fühlen. Die Regulierungswut der Macher in der Europäischen Union ist ja schon sprichwörtlich geworden. Und in Bereichen, in denen den EU-Mitgliedstaaten ihre eigene Souveränität überhaupt noch zugesprochen wird, sind es die lokalen Alpha-Tiere, die ständig neue Regulierungen ersinnen und sich in vorauseilendem Gehorsam den Brüsseler Bürokraten anbiedern. (Was ist aus der „europäischen Idee" bloß geworden?! Vielleicht hätte sie besser nie geträumt werden sollen.)

Keineswegs sind hier aber nur Politiker und Gesetzgeber (auf regionaler und überregionaler Ebene) gemeint, sondern auch alle Leute in den Vorstandsetagen multinationaler Konzerne. Ihr „Alpha-Status" übersteigt sogar den mancher Politiker; ihr Drang, die Geschicke dieser Welt zu lenken oder zumindest in sie einzugreifen, ist stets ungestillt. Doch allen Alpha-Tieren unserer Spezies gemeinsam ist, dass sie wissen wollen, was jeweils „im Trend" liegt. Daher umgeben sie sich mit Beratern, welche sich ihrerseits – selbstverständlich! – gern, wenn schon nicht im Licht, dann zumindest im Schatten ihrer Auftraggeber suhlen und sich mithin gezwungen sehen, auch in noch so belanglosen Dingen ihre „Kreativität" unter Beweis zu stellen (weil ihnen der „Blick aufs Ganze" versperrt ist). Das kann skurrile Blüten tragen. Ein kleines Beispiel. In größeren österreichischen Postämtern findet sich neuerdings am Zugang zu den Schaltern auf dem Fußboden ein gelber Strich mit der Aufschrift „Der nächste offene Schalter ist für mich" oder „Gleich bin ich dran". Damit er diese Kinderei auch wirklich versteht, gibt man dem Postkunden die Möglichkeit, sich an einer seitlich angebrachten Tafel anhand einer Grafik darüber zu orientieren, wie er nach Übersteigen des gelben Strichs nach links oder rechts zu einem der offenen Schalter abbiegen kann. Begleitet wird dieser Schwachsinn von der Bemerkung „Zufriedene Kunden sind uns wichtig". Man könnte das für einen Witz halten, doch ist es keiner. Ich frage mich, für wie dumm die Österreichische Post AG ihre Kunden hält! Jahrzehntelang hat sich das Anstellen vor Postschaltern mühelos von selbst reguliert, doch jetzt geht das anscheinend nicht mehr. Besser gesagt: Es soll sich nicht von selbst regulieren, sondern muss reguliert werden, auf eine allerdings höchst kindische Art und Weise. (Möglicherweise war hier eine Person mit einem abgebrochenen Psychologie- oder Soziologiestudium am Werk, die der Österreichischen Post AG vom Arbeitsmarktservice vermittelt wurde und einer Beschäftigungstherapie bedarf. Immerhin wäre damit dieser einen Person geholfen, aber vielleicht sollte sie daran denken, ihr „kreatives Potenzial" künftighin in wichtigeren Projekten zu verwirklichen.)

Zusammen mit vielen anderen Beobachtungen, die man machen kann, wenn man die Augen offen hält, ist diese Regulierung der Postkunden-Postschalter-Interaktion Symptom für eine Infantilisierung unserer Gesellschaft. In Kindergärten müssen die für die Kinder Verantwortlichen dafür Sorge tragen, dass sich keiner ihrer Schützlinge verläuft, keine Schritte in die falsche Richtung setzt, in der Gruppe bleibt und sich keine Sonderwege erlaubt. Geht es nach dem Willen derer, die heute für die Erwachsenenwelt verantwortlich zu sein glauben (auch wenn sie selbst nicht fähig sind, wirklich für irgendetwas Verantwortung zu tragen), dann muss auch diese Welt wie ein – riesiger – Kindergarten geführt werden. Und viele Menschen, das entspricht jedenfalls meiner Beobachtung, machen dabei freiwillig mit, zumal man ihnen vorgaukelt, dass jede Maßnahme letztlich ihrer eigenen Zufriedenheit und Sicherheit dient. Man will ja zufriedene Kunden. Der Massenmensch ist demnach längst keine Fiktion mehr, sondern Realität. Ihm wird nicht nur gezeigt, wo er sich wie anstellen, wo er gehen oder stehen bleiben, sondern wie er sein ganzes Leben gestalten soll, um glücklich zu werden – glücklich im Sinne derer, die ihre eigenen Machtgelüste befriedigt wissen wollen oder einfach nur Geld dafür kassieren möchten, dass sie anderen zu deren vermeintlichem Glück verhelfen. Kaum gibt es eine Tageszeitung von größerer Verbreitung, die nicht umfangreiche Wochenendbeilagen wie „Schöner leben" anbietet, mit Beiträgen wie „Abnehmen mit Stil", „Fit und gesund bleiben", „Schlank ohne Schönheits-OP", „Sommerschöne Füße ohne Aufwand", „Für immer jung" und ähnlichem Unsinn mehr. Offenbar wird das von vielen Lesern auch dankbar angenommen, sonst hätten sich ja die Verleger und Herausgeber von Tageszeitungen (und anderen Blättern) längst etwas anderes überlegen müssen. Selbstverständlich gilt dasselbe für das Fernsehen, vor allem für die Sender mit hohen und sehr hohen Einschaltquoten. Fast hat es den Anschein, dass der Mensch zu leben verlernt hat und ihn nun die Massenmedien wieder ins Leben zurück begleiten, ihn an der Hand nehmen müssen, wenn es selbst um so elementare Bedürfnisse wie Essen, Trinken und Schlafen geht.

Es ist allerdings nicht zu übersehen, dass auch die heutigen Alpha-Tiere des *Homo sapiens* – jedenfalls die der westlichen Zivilisation – sich zunehmend verängstigt gebärden oder jedenfalls zu einem schon fast unheimlich anmutenden Konformismus bereit sind. Sie lassen es an Authentizität vermissen, geben mit ihren politischen Ämtern jede Individualität auf und wollen nur sein wie die anderen in ihrer Riege. Authentische Staatsmänner wie Helmut Schmidt, der bei jedem seiner Fernsehauftritte „durchraucht" und damit seine privaten Lebensgewohnheiten offen zur Schau trägt, sind in der jüngeren Politikergeneration praktisch undenkbar. Schmidt hat aufgrund seiner über viele Jahrzehnte konsolidierten Erfahrung weit mehr zu sagen als die allermeisten der heutigen Politiker, die aber von ihm nichts lernen wollen, weil sie sich in eine Situation einfinden, von der sie glauben, dass sie „der heutigen Zeit" entspricht, die selbstverständlich alles andere hinter sich zu lassen hat. Mit seinen Pfeifen, seinem Schnupftabak und seinen Menthol-Zigaretten sowie seinen kritischen Aussagen zu gegenwärtigen politischen Problemen mag Helmut Schmidt als „lebendes Fossil" noch durchgehen (sofern irgendein Fanatiker ihn wegen seiner Raucherei nicht anzeigt und den alten liberalen Hanseaten in ihm ungewohnte Kalamitäten verstrickt). Was er zu sagen hat, ist interessant, aber nur wenige scheinen noch zu begreifen, vor welchem breiten und tiefen historischen Hintergrund er seine Aussagen trifft (Verlust der historischen Kontinuität, siehe Einleitung). Verglichen mit Helmut Schmidt – und anderen Politikern seiner Generation – sind die meisten heutigen Politiker nur ein Abglanz, ein Schatten ihrer selbst. Konformisten, wie gesagt, doch wissen sie eigentlich nicht, womit sie konform gehen. Lächerliche Figuren, die aber uns allen vorschreiben wollen, wie wir – ihren eigenen fremdbestimmten (!) Vorstellungen zufolge – leben sollen.

Hier erinnert man sich an ein bemerkenswertes Phänomen, das wohl die meisten von uns ab und an beobachten können und das von Elias Canetti (1905 bis 1994) in seinem Buch *Masse und Macht* (1960, S. 10) treffend wie folgt charakterisiert wurde:

> *Eine ebenso rätselhafte wie universale Erscheinung ist die Masse, die plötzlich da ist, wo vorher nichts war. Einige wenige Leute mögen beisammen gestanden haben, fünf oder zehn oder zwölf, nicht mehr. Nichts ist angekündigt, nichts erwartet worden. Plötzlich ist alles schwarz von Menschen. Von allen Seiten strömen andere zu, als hätten Straßen nur eine Richtung. Viele wissen nicht, was geschehen ist, sie haben auf Fragen nichts zu sagen; doch haben sie es eilig, dort zu sein, wo die meisten sind.*

Solches Verhalten muss tiefe Ursachen haben. Die hat es auch; sie lassen sich in Verhaltensdispositionen finden, die dem Einzelnen in grauer Vorzeit Überlebensvorteile brachten.

Unter den Lebensbedingungen der kleinen Gruppen unserer altsteinzeitlichen Ahnen war es für den Einzelnen gewiss ratsam, mit seiner Gruppe mitzugehen und keinen eigenen Weg in die entgegengesetzte Richtung einzuschlagen (vgl. S. 45). Zwar leben wir längst nicht mehr unter jenen Bedingungen, aber eine Disposition, die sich zum Vorteil des Einzelnen über Jahrmillionen bewährt hat, kann nicht in kurzer Zeit abgelegt werden. Das Dumme ist nur, dass uns die Evolution kein Sensorium „eingebaut" hat, welches uns wahrzunehmen erlaubt, unter welchen Umständen sich das Mitlaufen als sinnlos, lächerlich oder gar gefährlich erweist (vgl. S. 54) und ein „Eigenweg" sich lohnt. Aber in der Evolution wurde eben auch nicht vorgegeben, in welchem Maße der Einzelne unter bestimmten Umständen seine Persönlichkeit entfaltet oder aufgibt. Daher hatte der deutsche Philosoph und Soziologe Arnold Gehlen (1904 bis 1976) mit seinen nachstehenden Bemerkungen wohl Recht:

Innerhalb [des] Systems ordentlich funktionierender Mechanismen verschwindet zwar das Charakteristische einer Persönlichkeit einigermaßen, aber der Mensch erscheint optimal angepaßt an die Vielheit und Verschiedenheit der Koordinaten des Sozialsystems. Daß nun die heute hochrationalisierte und durch und durch bürokratisierte Gesellschaft die Verwandlung der Person in einen „Funktionsträger" in bedeutendem Grade verlangt und eine Annäherung an diesen Typus nahelegt, darüber kann kein Zweifel bestehen. Diejenigen Eigenschaften, die eine solche Strukturierung erschweren, erscheinen dann zunächst einmal als unerwünscht, gleichgültig, ob es sich um asoziale oder geniale handelt. Überall, wo in der wesentlich unstabilen Gesellschaft der Industriezeit die Herausarbeitung von Stabilitätskernen gelingt, ist dieser Typus am Werke. (Gehlen 1957, S. 106 f.)

An diesem Zitat ist am Rande bemerkenswert, dass in einer vor über fünfzig Jahren erschienenen Schrift bereits von einer „durch und durch bürokratisierten Gesellschaft" die Rede ist. Was würde Gehlen wohl heute sagen? Von der derzeit um sich greifenden Regulierungswut konnte er noch nichts ahnen, und ob er sich eine maßgebliche Steigerung der zu seinen Lebzeiten noch entwickelten Bürokratisierung überhaupt vorstellen konnte, lässt sich leider nicht mehr klären. Aber Denker erkennen oft schon im Keim einer Entwicklung die Knollen und Knospen, die sich im weiteren Verlauf der Dinge entfalten, auch wenn diesen noch zu erleben ihnen (oft genug zu ihrem eigenen Vorteil) nicht mehr vergönnt ist.

Das aber sollte uns nicht sehr optimistisch stimmen, bedeutet es doch, dass das *heute* im Keim Wahrnehmbare in Zukunft noch viel hässlichere Gewächse hervorbringen kann ...

MASSE UND EINSAMKEIT

Als ein von Natur aus soziales Lebewesen sucht der Mensch Artgenossen, schließt sich ihnen an, kommuniziert und interagiert mit ihnen auf vielfältige Weise. Für unsere altsteinzeitlichen Vorfahren sollte das kein Problem gewesen sein. Artgenossen mussten sie erst gar nicht suchen, sie wurden in eine kleine Gruppe hineingeboren, in der sie dann auch blieben. Für die wenigen Menschenpopulationen, die auch jetzt (noch) als Ge-

sellschaften von Jägern und Sammlern („Wildbeutern")
existieren, gilt das ebenso. Noch einmal: Das Leben in
der (Alt-)Steinzeit dürfen wir in keiner Weise verherrlichen, und es ist überhaupt nicht angebracht, sich in
dem Zusammenhang sozialromantischen Vorstellungen
hinzugeben. Aber solche Vorstellungen sind genauso
wenig angebracht, wenn wir uns die heutigen Massengesellschaften vor Augen führen. Auf eine simple For-
mel gebracht: Masse fördert Einsamkeit.

Wir Menschen brauchen soziale Nähe – um nicht
zu sagen: Wärme –, doch bedürfen wir auch der sozialen Distanz. Wie im zweiten Kapitel ausgeführt wurde,
sind wir ein Kleingruppenwesen, und schon in etwas
größeren Stammesverbänden oder Dorfgemeinschaften können wir schwerlich allen Gruppenangehörigen
mit derselben Sympathie und Intensität begegnen. Jeder von uns weiß aus eigener Erfahrung, dass es ihm
ganz guttut, einmal einfach allein zu sein und in Ruhe
gelassen zu werden, sich nicht permanent mit anderen
Menschen unterhalten zu müssen. Sozialer Überdruck
ist kaum auszuhalten. In der Masse freilich läuft der Einzelne eher Gefahr, sich einem sozialen Unterdruck auszusetzen. Er ist zwar von vielen Menschen umgeben, die
er aber kaum einzeln wahrzunehmen vermag – sondern
nur als Masse eben.

Weder sozialer Überdruck noch sozialer Unterdruck vermögen unser Wohlbefinden zu fördern. Beide bewirken seelische Gleichgewichtsstörungen. Der
Mensch ist ein hochkomplexes und keineswegs ausschließlich *rationales* Lebewesen. Er ist mit Affekten
und Emotionen ausgestattet, die in seiner sozialen

Welt eine große Rolle spielen. Wenn seine Interaktionen mit anderen ihn über- oder unterfordern, regt sich wieder das Kleingruppenwesen in ihm. Auch in unserer komplexen, gesellschaftlich von anonymen Massen gekennzeichneten Welt sind familiäre Bindungen und die Bildung von Freundeskreisen die einzigen sozial stabilisierenden Faktoren für den Einzelnen – um zum einen nicht zu vereinsamen, zum anderen nicht gesellschaftlich erdrückt zu werden.

Natürlich bleibt nicht zu übersehen, dass auch der Einsame in der Masse Aufmerksamkeit auf sich ziehen kann, wenn er auf bestimmte Weise auffällt, etwa durch außergewöhnliche Kleidung. (Noch sicherer ist ihm Aufmerksamkeit, wenn er nackt durch die Straßen läuft – allerdings ruft er damit alsbald auch staatliche Ordnungshüter auf den Plan.) Doch fehlt vielen Menschen der Mut, sich in und von der Masse absichtlich abzugrenzen. Viele tauchen auch lieber in der Anonymität einer Großstadt unter, als sich auf irgendeine Art und Weise bemerkbar zu machen.

Das Individuum bewegt sich in der Masse auf der einen Seite sicher, weil es gar nicht registriert wird, auf der anderen Seite zahlt es dafür jedoch unter Umständen einen hohen Preis. Dass jemand einige Monate lang tot in einer Großstadtwohnung liegt, bevor sein Leichnam gefunden wird, kommt inzwischen immer wieder vor. Das etwas Unheimliche dabei: Er wird meist nicht deshalb gesucht (und gefunden), weil er jemandem als Mensch (!) abging, sondern weil er auf Zahlungserinnerungen nicht reagierte. (Beispiele dafür finden sich immer wieder in den Massenmedien, die also zumindest doch ab und an unsere Aufmerksamkeit auf gesellschaftlich bedenkliche Phänomene zu lenken vermögen.)

An warmen Sonntagnachmittagen beobachte ich oft in Wiener Parkanlagen die Szene. Da flanieren junge Leute, spazieren Mütter mit ihren Kindern, tollen Kinder und Hunde herum (sofern ihnen das die Stadtverwaltung noch erlaubt), umarmen sich Liebespaare (junge und auch ältere), und auf der einen oder anderen Parkbank sitzt allein eine alte Person. Natürlich kann man diese Szenerie in jeder Großstadt mit Parkanlagen beobachten, aber ich rede von Wien, weil mir diese Stadt nun einmal am besten vertraut ist. Was treibt einsame alte Personen dazu, sich auf einer Parkbank niederzulassen, inmitten eines Treibens ihnen fremder Menschen? Die Antwort darauf liegt auf der Hand. Wenn sie sich auch unter lauter ihnen fremden Menschen befinden, so fühlen sie sich doch nicht so allein wie in ihrer Wohnung, wo ihnen sprichwörtlich die Decke auf den Kopf zu fallen droht. Sie flüchten aus der Einsamkeit in die Masse, in der sie zwar allein und unerkannt bleiben, sich aber dem Gefühl hingeben dürfen, nicht *allein gelassen* zu sein. Keine Frage: Noch besser dran ist ein alter Mensch, der sich mit Freunden und Bekannten in einem Park oder sonst wo trifft.

Der bereits erwähnte und durchaus positive – oder zumindest neutrale und harmlose – Hang des Menschen, irgendwo dazugehören zu wollen, war jedoch auch stets mit ein Anlass zu recht gespenstischen Plänen auf Seiten derer, die sich über alle anderen Menschen erhaben fühlten und diese gleichschalten wollten.

UTOPIEN DER MENSCHENZÜCHTUNG

Eines der vielen Merkmale der abendländischen Denktradition ist der Traum vom „neuen Menschen". Manchen Repräsentanten seiner Gattung war der „alte" Mensch nie genug. Nun war freilich die längste Zeit nicht so einfach auszumachen, was der „alte" Mensch ist. Weit über hundert Jahre nach Darwin wissen wir es: Es ist der Mensch des Paläolithikums. Für diejenigen, die den neuen Menschen wollen, ist er jedenfalls einer, den es nicht geben dürfte, den man also verändern, verbessern sollte. Doch ganz gleich, wie man sich den neuen Menschen wünschte – der Wunsch mündete stets in gefährliche Ideologien oder war umgekehrt auf diese gegründet, von diesen inspiriert.

Über weite Teile des 20. Jahrhunderts war der *Behaviorismus* eine solche Ideologie und, was nicht wundern darf, insbesondere unter Soziologen, Erziehern und Politikern überaus beliebt. Demnach ist der (einzelne) Mensch durch Umwelteinflüsse, durch Erziehung und Lernen praktisch beliebig formbar. Einer der Begründer des Behaviorismus, der amerikanische Psychologe John B. Watson (1878 bis 1958), brachte das behavioristische Programm mit den nachstehenden, oft zitierten Zeilen auf den Punkt:

> *Gebt mir ein Dutzend gesunder, wohlgebildeter Kinder und meine eigene Umwelt, in der ich sie erziehe, und ich garantiere, daß ich jedes nach dem Zufall auswähle*

und es zu einem Spezialisten in irgendeinem Berufe erziehe: zum Arzt, Richter, Künstler, Kaufmann oder zum Bettler und Dieb, ohne Rücksicht auf seine Begabungen, Neigungen, Fähigkeiten, Anlagen und die Herkunft seiner Vorfahren. (zit. in Verbeek 1999, S. 153)

(Wie sich Watson die Kindererziehung im Detail vorstellte, wird anhand seiner absurden Forderung deutlich, einem Kind sollte noch vor seinem siebenten Lebensjahr die Mutterliebe entzogen und Kinder sollten überhaupt viel allein gelassen werden.)

Da es nach wie vor neben Ärzten, Richtern, Künstlern und Kaufleuten auch Bettler und Diebe gibt (von noch viel schlimmeren Exemplaren unserer Gattung ganz zu schweigen), könnte man fast vermuten, dass dies deshalb der Fall sei, weil diese dazu erzogen, dazu „gemacht" wurden. Womit das behavioristische Projekt nicht nur auf richtige Einsichten in die menschliche Natur gestützt gewesen, sondern auch realisiert worden wäre. Aber in letzter Konsequenz wollten ja die Anhänger des Behaviorismus eine schöne neue Menschenwelt, in der Bettler und Diebe keinen Platz mehr haben dürften. Also ist ihr Projekt gescheitert; auch von der Gesellschaft unerwünschte Elemente unserer Spezies sind nach wie vor präsent, mancherorts sogar omnipräsent. Haben sie eine schlechte Erziehung genossen? Oder wurden sie aus genetischen Gründen in die Irre geleitet?

In der heutigen Verhaltensforschung zweifelt niemand ernsthaft daran, dass Lernen und Erziehung ganz wichtige Elemente in der Entwicklung jedes einzelnen Menschen sind. Aber die dem Behaviorismus zugrunde liegende Idee, dass jeder Mensch gleichsam als unbeschriebenes Blatt in der Welt erscheint, dem erst seine Umgebung ihre Schriftzüge aufprägt, ist ein veritabler Irrtum. Jeder Mensch trägt von vornherein verschiedene seiner Art eigene Merkmale mit sich. Ohne dass sie dazu angeleitet werden, versuchen Säuglinge, sich irgendwo festzuhalten („Klammerreflex"), sie lachen und schreien – und senden damit an ihre Umgebung lebenswichtige Signale aus.

Genauso ein Irrtum ist die gegenteilige Auffassung (Ideologie), dass der (einzelne) Mensch genetisch determiniert, ausschließlich von seinen Genen bestimmt sei. Die Kontroverse „Vererbung kontra Milieu" ist wissenschaftlich längst ausgetragen und weder zugunsten der einen noch zugunsten der anderen Ideologie entschieden. (Nur in uninformierten Kreisen flackert diese Debatte nach wie vor immer wieder auf.) Da es keinen Menschen gibt, der ohne Erbanlagen zur Welt kommt, und keinen, der außerhalb jeder Umwelt aufwächst und lebt, können Vererbung und Umwelt, allein schon methodisch gesehen, niemals voneinander getrennt werden. Aber das hätte man ja schon vor hundert Jahren wissen können, sodass es unverständlich sein mag, warum jene Kontroverse über Jahrzehnte hinweg recht vehement geführt wurde.

Offensichtlich ging es dabei nicht um wissenschaftliche „Wahrheit", sondern um ideologisch beflügeltes Wunschdenken. *Ging?* Nein, nach wie vor träumen vor allem unsere politischen Oberhäupter den Traum vom neuen Menschen. Noch stärker als in manchen früheren Epochen will man heute den Einzelmenschen zähmen, ihn zum gefügigen Sklaven einer von ökonomischen Prinzipien dominierten Lebenswelt machen. Dabei kümmern sich die dafür Verantwortlichen keinen Deut um wissenschaftliche „Wahrheit", sondern nehmen einfach das für wahr, was ihnen mit ihren finsteren Absichten gerade opportun erscheint. Die Idee vom neuen Menschen reicht indes in die Antike zurück, zu Platon (427 bis 347 v. Chr.), der vom vollkommenen Menschen im vollkommenen Staat träumte. Es sollte überflüssig sein zu bemerken, dass „Vollkommenheit" stets nur einen angestrebten oder erhofften Zustand darstellt und der Wunsch, einen solchen Zustand zu erreichen, von der Überzeugung getragen wird, dass alles Gegebene, bisher Erreichte nicht genug sei, verbessert werden könne und müsse. (Es ist wohl kein Zufall, dass der Behaviorismus über weite Teile des 20. Jahrhunderts in der Sowjetunion und in den Vereinigten Staaten von Amerika auf die gleiche Sympathie stieß.)

Heutzutage mag ja der Traum von der beliebigen Erziehbarkeit vielerorts weitgehend ausgeträumt sein. Aber das begräbt in den Augen mancher keineswegs die Hoffnung auf den neuen, vollkommenen Menschen. Von der Gentechnik verspricht man sich „Haltegriffe", die sozusagen an der Wurzel ansetzen: ganz früh in der Entwicklung des Einzelwesens, wenn für dessen Entfaltung noch viele Möglichkeiten offen stehen. Ihre Befürworter erwarten sich nicht nur die Lösung des Ernährungsproblems einer immer größer werdenden Menschheit, sondern auch wirksame Medikamente gegen alle kleinen und großen Übel. Und was an dieser Stelle das Entscheidende ist, man sieht Möglichkeiten einer frühen Prognose von Krankheitsrisiken zu jedem beliebigen Zeitpunkt im späteren Leben eines Menschen. Letztlich schwebt manchen Leuten das „gentechnisch gestylte" Wunschbild eines Menschen vor; gesund, fit, immer fröhlich lächelnd, zufrieden, grenzenlos belastbar ...

In einem seinerzeit weithin beachteten und kritisierten Vortrag, der in schriftlicher Fassung vorliegt, bemerkt Peter Sloterdijk Folgendes:

> *Ob aber die langfristige Entwicklung auch zu einer genetischen Reform der Gattungseigenschaften führen wird – ob eine künftige Anthropotechnologie bis zu einer expliziten Merkmalsplanung vordringt; ob die Menschheit gattungsweit eine Umstellung vom Geburtenfatalismus zur optionalen Geburt und zur pränatalen Selektion [Manipulation biologischer Risiken] wird vollziehen können – dies sind Fragen, in denen sich, wie auch immer verschwommen, und nicht geheuer, der evolutionäre Horizont vor uns zu lichten beginnt.* (Sloterdijk 1999, S. 46 f.)

Aus meiner Sicht wird sich der evolutionäre Horizont – falls ich richtig zu verstehen imstande bin, was Sloterdijk vor seinem eigenen Horizont dabei vorschwebt – nicht zu lichten, sondern zu verfinstern beginnen.

Wen wollen wir denn entscheiden lassen, welcher „Menschentyp" erwünscht ist?! Das ist die alte Frage. *Homo sapiens* schöpft aus einer reichen Quelle der Diversität, der genetischen und kulturellen Vielfalt, und gerade dieser Umstand ist wohl <u>entscheidend</u> für seine

Diversität

bisherige Fortexistenz. Es war zwar stets bloß ein, wie man in Österreich sagt, „Fortwursteln", aber immerhin. Unabhängig von der Gentechnik, ihren heutigen und noch zukünftigen Möglichkeiten, Menschen nach Maß zu produzieren, gaukelt uns die moderne Medienwelt ohnehin längst den „vollkommenen" Menschen vor. Das Werbefernsehen wird bevölkert von strahlenden Menschen jedweden Alters, strotzend vor (verordneter!) *Fitness* und *Wellness*. Leuten, die sich offenbar richtig ernähren, in ihrem privaten wie beruflichen Leben offensichtlich rundum zufrieden sind und insgesamt deswegen ihr Lebensglück gefunden haben, weil sie von vornherein zum neuen Menschen nach Maß geeignet waren. Nun ja, gelegentlich präsentiert uns die Werbung auch den einen oder anderen Menschen, dem es nicht gut geht, der beispielsweise an Blähungen leidet. Aber in Sekundenschnelle wird diesem Bedauernswerten von einem anderen Menschen, der solches Leiden längst hinter sich hat (und sich wieder glücklich weiß), unter Hinweis auf irgendein Allheilmittel auch der Ausweg aus seiner Misere aufgezeigt. Und schon ist wieder alles in Ordnung, das Lächeln und Lachen geht weiter. Wenn man sich auf den Straßen unserer Städte umblickt, einzelne Menschen eben nicht nur hinter einer amorphen Masse verschwinden lässt, bietet sich freilich ein anderes Schauspiel. Einzelheiten zu schildern erübrigt sich; jeder aufmerksame Beobachter kann sich sein eigenes Bild machen. Ich möchte nicht missverstanden werden. Jeder, der an Blähungen leidet – um bei diesem einfachen Beispiel zu bleiben –, ist natürlich froh, wenn es ihm wieder besser geht. Und es soll ihm besser gehen, keine Frage. Fatal finde ich aber, dass uns die moderne Industrie, kräftig unterstützt von den Medienmachern, vorschwindelt, dass wirklich alles und jedes blitzschnell wieder ins rechte Lot gebracht werden könne.

Statt vom neuen Menschen zu träumen und Ideal-bilder des *Homo sapiens* zu konstruieren, sollte man sich vergegenwärtigen, dass individuelle Vielfalt, wie angedeutet, eine wertvolle Ressource für jede Spezies darstellt. Darwins Theorie der natürlichen Auslese oder Selektion beruht nicht zuletzt auf der Beobachtung der *Einmaligkeit des Individuums.* Das Fehlen individueller Variation bietet einer Art keine weiteren Entfaltungs-möglichkeiten. Eine durch genetische Manipulation einheitlich geformte Menschheit wäre daher ihrem Un-tergang geweiht, es wäre ihr „genetischer Wärmetod". Das lässt sich leicht plausibel machen. Manche von uns vertragen zum Beispiel mehr Sonne als andere, die wie-derum Kälte besser überstehen; manche können tieri-sches Fett gut abbauen, andere nicht so gut, reagieren aber günstig auf pflanzliche Öle; der eine braucht viel Schlaf, der andere ist schon nach fünf oder sechs Stun-den ausgeschlafen. Die Liste ließe sich fortsetzen. Wir können nicht wissen, welche der vielen individuellen Eigenschaften und Präferenzen sich unter welchen Bedingungen in Zukunft noch als vorteilhaft erweisen werden. Lassen wir also doch alles, wie es ist! (Selbst-verständlich rede ich hier nicht von Erbkrankheiten und der Möglichkeit ihrer Früherkennung und Thera-pie. Außer religiösen Eiferern dürfte es kaum jemanden geben, der in diesem Bereich die Gentechnik prinzipiell ablehnt. Doch das wäre ein anderes Thema.)

Ein besonderer Bereich, in dem man mit der naturgege-
benen menschlichen Leistungsfähigkeit unzufrieden ist
und fortgesetzte Leistungssteigerung erwartet, ist der
Spitzensport. Ich habe mir beim Schreiben dieses Buches
immer die auf S. 11 erwähnten Schwierigkeiten vergegen-
wärtigt, „artgerecht" von „nicht artgerecht" abzugrenzen
und war bemüht, die Plastizität unserer Spezies im Auge
zu behalten. Beim Hochleistungssport sehe ich keine besonderen Probleme, ihn als nicht artgerecht einzustufen.
Dort übersieht man offenbar den an sich trivialen Umstand, dass dem Menschen aus anatomischen und physiologischen Gründen Grenzen gesetzt sind, die zwar in
einzelnen Fällen etwas verschoben, aber nicht beliebig
weit ausgedehnt oder niedergerissen werden können.
Der Spitzensport hingegen folgt seiner eigenen Logik:
Das Ziel muss auf jeden Fall erreicht werden, und jeder,
der mitfahren, mitrennen, mitspringen, mitschwimmen
oder mitwerfen darf, muss bestrebt sein, es als Erster zu
erreichen. Damit natürliche Grenzen den Sportgeist (sofern man in dem Zusammenhang noch davon reden will)
nicht bremsen, wird mit künstlichen Mitteln nachge-
holfen, die einer vorzeitigen Ermattung des Köpers vor-
beugen. Ich meine hier selbstverständlich das Phänomen
Doping. Glaubt man zahlreichen Medienberichten der
letzten Jahre und Aussagen von Sportlern selbst, dann
sind viele Karrieren im Hochleistungssport Doping-Karri-
eren. Wer sich aber über Doping im Spitzensport aufregt,
sollte fragen, warum unsere Gesellschaft überhaupt einen
immer größeren Leistungsdruck auf den Einzelnen, nicht
nur auf den Sportler, ausübt. Wir kommen auf diese Frage
im nächsten Kapitel zurück, wollen aber gleich festhalten,

dass viele Menschen ihren gewöhnlichen Alltag ohne Zuhilfenahme von Medikamenten nicht mehr zu bewältigen imstande sind. Aus seinem eigenen Bekanntenkreis mag der Leser das eine oder andere Beispiel kennen.

So wie Utopien der Menschenzüchtung auf eine lange Geschichte zurückblicken können, so gibt es auch für die künstlich erzwungene Leistungssteigerung bei Sportlern Präzedenzfälle aus früheren Zeiten. Athleten wurden durch *Zwangsfütterung* zu Höchstleistungen getrieben. So soll Milon von Kroton (aus dem sechsten vorchristlichen Jahrhundert), der wohl bedeutendste Athlet der Antike, täglich acht Kilogramm Fleisch und ebenso viel Brot gegessen und zehn Liter Wein getrunken haben (!).

Er errang seine Siege in sechs olympischen Spielen und zahlreichen weiteren Nationalspielen und starb im Alter von 40 bis 45 Jahren angeblich bei dem Versuch, einen Baum auseinanderzureißen. Er sollte uns als abschreckendes Beispiel dienen. „Verhausschweinung" des Menschen (siehe Kapitel 3) will hier nicht mehr als bloße Metapher erscheinen ...

Aber kehren wir nun wieder zum Verhältnis Individuum und Masse zurück.

DAS ELEND DES INDIVIDUUMS IN DER VERWALTETEN WELT

Es ist bemerkenswert: Die abendländische Geistesgeschichte ist nicht zuletzt eine Geschichte der Erhöhung des Menschen als Gattung bei gleichzeitiger Erniedrigung des Menschen rigung des Individuums. Bis weit ins 20. Jahrhundert hinein – und teils bis heute noch – haben Theologen, Philosophen und selbst einige Biologen (heutige Vertreter ihrer Zunft tun das allerdings praktisch nicht mehr) die „Sonderstellung" des Menschen in der Natur oder dessen „Sondernatur" hervorgehoben und ihn über alle anderen Lebewesen gestellt. Aus der Perspektive der Evolutionstheorie jedoch ist *Homo sapiens* bloß eine unter vielen (Millionen) Organismen-Arten, von denen jede ihre artspezifischen Eigenheiten aufweist. Davon war in Kapitel 1 bereits die Rede. Aber der *individuelle Mensch* musste sich stets verschiedenste Formen der Erniedrigung gefallen lassen, die ihm von jenen seiner Artgenossen zugefügt wurde, die ihrerseits dachten, auf einer besonderen Höhe zu stehen. Daran hat sich bis heute nichts geändert. In vieler Hinsicht verschlechtert sich die Situation des Individuums zusehends. Der Staat und auf unserem Kontinent zunehmend die Europäische Union versuchen, den Einzelnen zu gängeln, wo es nur geht (und es geht in vielen Lebensbereichen recht gut).

Ortega y Gasset hätte sich wohl nicht träumen lassen, welche (technologischen) Möglichkeiten dem Staat noch zur Verfügung stehen werden, um das Individuum zu kontrollieren. Videoüberwachung, Rasterfahndung, Lauschangriff, E-Mail-Kontrolle und noch anderes sind Entwicklungen erst der jüngsten Zeit. Sie waren auch noch nicht abzusehen, als Karl Popper (1902 bis 1994) den Staat in den 1950er Jahren als „notwendiges Übel" bezeichnete, dessen Machtbefugnisse aber nicht über das nötige Maß hinaus vergrößert, sondern beschnitten werden sollten. In welchem Ausmaß sich der Staat seinerseits dem Diktat – um nicht zu sagen: Terror – der Wirtschaft unterworfen wird, welch unheilvolle Macht die großen Konzerne und neuerdings Ratingagenturen über das politische und individuelle Leben gewinnen werden, war noch vor zehn Jahren kaum abzusehen. Die unheilige Allianz, die Politiker mit der Wirtschaft eingehen, treibt die Entmündigung des Individuums mit raschen Schritten voran. Konzerne schließen sich zu immer größeren und schon monströs anmutenden Einheiten zusammen, entlassen – zum Zwecke der Rationalisierung – tausende Mitarbeiter, um nur ihr eigenes Kapital zu vermehren, welches bloß sehr wenigen zugutekommt. Repräsentanten von Staaten machen dabei unverschämt mit, allein schon, indem sie diesem Spuk tatenlos zusehen. Dasselbe gilt für Staatenbündnisse wie abermals vor allem die Europäische Union, in der einige wenige – Vertreter der „starken" Länder – diktieren, wo es langgeht. Konkrete Personen dabei zu nennen erübrigt sich; wir alle bekommen sie, ob wir wollen oder nicht, täglich im Fernsehen und in den Zeitungen zu sehen und werden dabei Zeugen, wie über unsere Köpfe hinweg Abmachungen und Verträge geschlossen werden, die auf keinen Einzelnen von uns auch nur die geringste Rücksicht nehmen. Politiker und Politikerinnen, die nie genug davon bekommen können, ihre Machtposition auszukosten und sich darin zu suhlen, schwirren durch die Gegend, eilen von einer Konferenz zur anderen, küssen sich gegenseitig ab (was oft jedes ästhetische Empfinden verletzt) und treffen Entscheidungen, die der Bürger kaum nach-

vollziehen kann (und auch nicht nachvollziehen soll!).
Dass sie damit aber soziale Spannungen erzeugen, die –
unter weiterhin sich verschlechternden (ökonomischen) Rahmenbedingungen im Leben des Einzelnen –
verheerende Ausmaße annehmen können, scheint
ihnen nicht in den Sinn zu kommen. Dabei bräuchten
sie nur ein wenig Geschichte zu lernen.
Staaten und Staatenbündnisse sind abstrakte Kategorien, real sind nur Individuen. Politiker und Politikerinnen sind *real*, aber die Institutionen, die sie
repräsentieren, sind abstrakt. Doch soll der Eindruck
entstehen – und das ist weder im Westen noch im Os-
ten etwas Neues –, dass jene abstrakten Kategorien
das eigentlich Reale sind. Ist also die Rede von den Beziehungen zwischen „dem Staat" und einzelnen Menschen, dann kann es sich dabei stets nur um Beziehungen *zwischen einzelnen Menschen* handeln, weil „der
Staat" oder „die Europäische Union" Kunstgebilde sind
und bleiben. Einzelne „hervorgehobene" Individuen –
Bundeskanzler, Ministerpräsidenten, Staatssekretäre,
Fahrkartenkontrolleure in Straßenbahnen, Lebens-
mittelprüfer, Gerichtsvollzieher, Vollstrecker – beziehen die Legitimation für ihr Handeln aus dem bloßen
Glauben, im Namen einer „höheren Instanz" zu agieren, die ihrerseits nur zu existieren vermag, weil an sie
geglaubt wird. Als typisch dafür kann die vor einigen
Jahren von einem österreichischen Politiker getroffene
Aussage gelten, es sei doch klar, dass die Natur, die
Evolution, einem intelligenten Plan folgt. Sicher, und
genau diesen Plan meint mancher Politiker auch zu erkennen und als Rechtfertigung für sein eigenes Han- ·

deln heranzuziehen. Sodass er sich dann das Recht herausnimmt, alle anderen, die nur für sich selbst stehen und versuchen, ihr eigenes Leben ohne die Möglichkeit einer Berufung auf eine „höhere Instanz" zu gestalten, der Kontrolle zu unterziehen. (Wenn Politiker von Evolution reden – was glücklicherweise sehr selten vorkommt – geht das meist sehr peinlich aus. Eine der ganz wenigen Ausnahmen ist der derzeitige, inzwischen langjährige Wiener Bürgermeister. Der hat ein Doktorat in Zoologie und ist mit wissenschaftlichen Arbeiten ausgewiesen.) Repräsentanten der Wirtschaft gehen natürlich genauso vor: als ob es „die Wirtschaft" als solche gäbe.

Bis vor Kurzem hat die Österreichische Wirtschaftskammer für sich und „die Wirtschaft" auf Plakaten mit dem törichten Slogan „Geht's der Wirtschaft gut, geht's uns allen gut" geworben. Inzwischen sind diese Plakate weitgehend verschwunden, aber im Fernsehen kann man diese Werbung immer noch ab und an über sich ergehen lassen. „Die Wirtschaft" präsentiert sich dabei als ein lebender Super-Organismus, von dem wir alle abhängen, dem wir alle zu gehorchen haben. Die Idee, dass es sich genau umgekehrt verhält, dass es „der Wirtschaft" nur dann gut gehen kann, wenn es *uns allen* gut geht, sollte allerdings ohne größere intellektuelle Anstrengung nachvollziehbar sein. „Die Wirtschaft" wird von individuellen Leistungen getragen, sie besteht ausschließlich aus solchen Leistungen. Einer Nahrungsmittelkette beispielsweise kann es nur so lang gut gehen, solang es genügend Leute gibt, die ein paar Euro oder Dollar in der Tasche haben, um ihre Produkte kaufen zu können. Die politischen Eliten, die den Bürgern Geld aus der Tasche ziehen und einen harten Sparkurs verordnen, sollten bedenken, dass sie damit unter Umständen die von ihnen selbst so gepriesene goldene Kuh, „die Wirtschaft" zum Schlachthof führen und obendrein sozialen Unfrieden stiften.

Das Elend des Individuums in der verwalteten Welt beruht auf der Überzeugung der Machthaber, im Namen einer „höheren Ordnung" handeln zu dürfen (zu sollen!) – und auf der Bereitschaft der meisten Individuen, ihren Machthabern blind zu folgen. Allerdings könnte die heute in vielen Ländern beobachtbare „Politikverdrossenheit" sozusagen eine Trendwende signalisieren. Als ich in einer meiner Vorlesungen meine Studenten augenzwinkernd mit dem Slogan „Geht's der Wirtschaft gut, geht's uns allen gut" konfrontierte und fragte, ob sie damit einverstanden sind, breitete sich ein verständnisinniges Lächeln auf den vielen Zuhörerbänken aus. Natürlich betrachteten sie diesen Slogan als einen Blödsinn. Eine Studentin sprach mich nach der Vorlesung an und sagte, dass sie schon lange nicht mehr an irgendetwas glaube, was irgendwelche staatlichen oder von der Wirtschaft gelenkten Institutionen uns vorgaukeln. Für sie, meinte sie ferner, zählten nur ihr Studium, ihre Familie und ihre Freunde. Ich stimmte ihr zu, gab aber auch zu bedenken, dass wir unsere wertvollen privaten Interessen fortgesetzt gegen all jene Finsterlinge verteidigen müssen, die ausschließlich im Dienste ihrer eigenen Interessen und unter Berufung auf „höhere Instanzen" unsere persönlichen Anliegen zu durchkreuzen versuchen. Diese

Studentin und alle ihre Kommilitonen, von denen mir kaum einer persönlich bekannt ist, sind Hoffnungsträger, Hoffnungsträger für eine Zukunft, die allerdings mit der Gegenwart brechen wird müssen, weil wir sonst allesamt keine Zukunft mehr haben werden. Zumindest unter jenen jungen Leuten, die ihre Zeit *nicht* mit Facebook, Computer- und Videospielen sowie dem ständigen Herumdrücken an ihren Mobiltelefonen verschwenden, regt sich also Widerstand, ein „innerer Protest" gegen etwas, das sie nicht als erstrebenswerten Zustand empfinden. Verallgemeinerungen aber sind, aus früher erwähnten Gründen (leider), nicht angesagt. Denn in unseren westlichen Ländern (von anderen ganz zu schweigen) wächst eine Generation heran, die von Unsicherheit ergriffen wird. Viele der heutigen Jugendlichen haben keine Perspektiven, finden kaum noch irgendwo Halt. Sie haben keinerlei Beschäftigung (man vergegenwärtige sich die hohen Arbeitslosenzahlen unter Jugendlichen etwa in Spanien), sehen sich verkauft und verraten. Sie sind tickende Zeitbomben.

Andere aber, die Überbeschäftigten verschiedener Generationen, wissen nicht mehr, wie sie aus der Spirale des Gehetzt-Seins hinausfinden sollen. Im Gegensatz zu den arbeitslosen Jugendlichen wird *ihnen* aber Hilfe angeboten. „Selbstmanagement" heißt das Zauberwort, unzählige Broschüren und Seminarangebote stehen dafür zur Verfügung und verheißen dem Geplagten einen Ausweg aus seinem Dilemma, wenn er ihn nur finden *will*. Sogar seine „Selbstverwaltung" wird dem Individuum also nicht mehr überlassen (weil sie ihm auch kaum noch zugetraut wird); es wird ihm angeboten, sich anderen Leuten anzuvertrauen, deren hütende Hand zu ergreifen. Klar, auch „Selbstmanagement" will gelernt sein, von niemandem darf die Fähigkeit zur spontanen Verfügbarkeit über seine eigene Zeit, sein eigenes Leben erwartet werden. Und diejenigen, die fest davon überzeugt sind, anderen „Selbstmanagement" beibringen zu können, versprechen sich davon natürlich ihren eigenen Profit. Jene, die sich gehetzt fühlen, könnten freilich alles einfacher (und praktisch kostenlos) haben. Sollen sie sich doch auf eine Parkbank setzen, eine Pfeife anzünden und ein Buch aufschlagen. Auf diese (und auf noch manch andere) Weise werden sie zu sich selbst finden, ohne jeder fremden Hilfe zur Selbstfindung zu bedürfen.

Ein Phänomen, dem sich aber kaum einer von uns entziehen kann, ist die Beschleunigung. Wir alle werden dazu angetrieben – oder treiben uns selbst dazu –, mit dem ganzen Strudel mitzuschwimmen. Diese Beschleunigung ist inzwischen sehr ungemütlich. Daher sollten wir uns dagegen wehren. Man sage nicht, dass dies unmöglich sei!

5.

EINE FATALE BESCHLEUNIGUNG

*Eine der bösesten Auswirkungen der Hast
oder vielleicht unmittelbar der Hast erzeugenden Angst
ist die offenkundige Unfähigkeit moderner Menschen,
auch nur kurze Zeit mit sich allein zu sein.*
Konrad Lorenz

Im April 2005 ereignete sich in Japan ein schweres Zugunglück. Ein mit etwa siebenhundert Fahrgästen besetzter Schnellzug entgleiste in einer Kurve; das Unglück forderte über hundert Tote und mehr als fünfhundert Verletzte.

Der noch junge Zugfahrer hatte versucht, eine Verspätung von achtzig Sekunden aufzuholen. Sollte das die Alternative zur Unpünktlichkeit sein, dann, bitte, ein Loblied auf die Deutsche Bahn, die es längst nicht mehr schafft, ihre eigenen Fahrpläne einzuhalten, bei der die lächerliche Verspätung von achtzig Sekunden

niemand wahrnimmt und die nicht einmal von Verspätungen bis zu einer Stunde viel Aufhebens macht ...

Mit der beschleunigten Entwicklung der Massengesellschaften, mit rasant wachsenden Millionen- und
Megastädten (die meisten Megastädte, knapp vierzig,
befinden sich auf der Südhalbkugel) einher geht eine Beschleunigung der technischen Entwicklung. Oder auch
umgekehrt – Ursache und Wirkung sind hier schwer voneinander zu unterscheiden. Die uns heute beherrschen-
den Technologien sind kaum älter als hundert Jahre, wobei
die modernen Kommunikations- und Informationstech-
niken in nur wenigen Jahrzehnten entwickelt wurden.
In der Tat beherrschen Technologien inzwischen den
Menschen – und nicht andersherum. Der Mensch lässt
sich von seinen eigenen Erfindungen konditionieren. Er
berauscht sich an Geschwindigkeit wie am Opium, muss
aber einsehen, dass der Berauschung, will sie physisch
und psychisch verkraftet werden, Grenzen zu setzen sind.
Denn mit dem Tempo, das er sich selbst vorgibt, vermag
er nicht mehr mitzuhalten. Und wo er es versucht, sind
körperliche und seelische Störungen die natürliche Folge.
(Freilich zum Vorteil der Pharma-Industrie.) Da ist es ja
erfrischend, zum Beispiel zu hören, dass an der Universität Klagenfurt schon vor über zwanzig Jahren ein Verein
zur Verzögerung der Zeit gegründet wurde. Allerdings
haben bisher nur etwas über tausend Menschen die Zeit
gefunden, dem Verein beizutreten.

Will sich die Menschheit in ihrem Tempodrom (vgl.
S. 18) nicht zu Tode hetzen, muss sie aber wieder andere
Zeitmaße finden und jeder Einzelne wird sein eigenes
Tempo etwas zu drosseln haben.

vgl. Armbanduhr
Disziplinierung
Stechuhr

in früheren Zeiten
Tageslicht, Mittagsläuten

EIN JAHRHUNDERT VERÄNDERT DIE WELT

Seit dem beginnenden 20. Jahrhundert, vor allem jedoch seit dem Zweiten Weltkrieg, ist eine atembe-
raubende Entwicklung der Technik zu verzeichnen.
Kein anderes Zeitalter war durch so viele technische
Innovationen geprägt wie dieser kurze Zeitraum von
knapp über hundert Jahren, wobei viele jener Innovationen erst in den letzten paar Jahrzehnten stattfanden.
Von den *101 wichtigsten Erfindungen der Weltgeschichte*
(vom Faustkeil zum Internet), die der Hamburger
Historiker Hans-Joachim Braun in einem lesenswerten schmalen Band auflistet, fallen über vierzig in das
20. Jahrhundert oder reichen nur wenige Jahrzehnte
ins 19. Jahrhundert zurück. Die letzten sechzig Jahre
sind dabei besonders beeindruckend.

Großraumflugzeuge für über vierhundert Passagie-
re, Hochgeschwindigkeitszüge, die mit über dreihun-
dert Kilometern pro Stunde dahinbrausen, Traktoren
mit bis zu fünfhundert Pferdestärken, Mobiltelefone,
mit denen man nicht nur Ferngespräche führen, sondern auch Fotos schießen und im Internet surfen kann
– man nehme, was man will, in den vergangenen Jahrzehnten hat sich die Technik in zuvor ungeahntem und
bedrohlichem Ausmaß entwickelt.

Der Geschichts- und Kulturphilosoph Oswald
Spengler (1880 bis 1936) konnte in seiner kleinen Schrift
Der Mensch und die Technik im Jahr 1931 noch Folgendes
schreiben:

*Der Zerfall meldet sich schon allenthalben. Die Ma-
schine hebt ihren Zweck durch ihre Zahl und ihre Ver-
feinerung zuletzt auf. Das Automobil hat sich in den
großen Städten durch seine Massenhaftigkeit um die
Wirkung gebracht und man kommt schneller zu Fuß
vorwärts. In Argentinien, Java und anderswo erweist
sich der einfache Pferdepflug der kleinen Besitzer den
großen Motoren gegenüber als wirtschaftlich überlegen
und verdrängt sie wieder. Schon ist in vielen tropischen
Gebieten der farbige Bauer mit seiner primitiven Ar-
beitsweise ein gefährlicher Konkurrent des modernen
technischen Plantagenbetriebes der Weißen geworden.
Und der weiße Industriearbeiter im alten Europa und
in Nordamerika beginnt mit seiner Arbeit fragwürdig
zu werden.* (Spengler 1931 [1971, S. 55 f.])

Zu Beginn der 1930er Jahre mag diese Analyse ja noch
treffend gewesen sein, aus heutiger Sicht saß Spengler
einem veritablen Irrtum auf. Die Maschine nämlich
hat, was ja überflüssig zu betonen ist, inzwischen alles
verdrängt, vielfach auch den Menschen und seine Ar-
beitskraft. Dass man in den Großstädten zu Fuß mitunter schneller vorwärts kommt als mit dem Auto, trifft
aber nach wie vor zu – und mehr noch als zu Spenglers
Zeiten.

Nun geht es an dieser Stelle keineswegs darum, die
technologischen Innovationen der letzten Jahrzehnte
im Einzelnen aufzuweisen. Sie sind hinreichend bekannt, und wer heute fünfzig oder sechzig Jahre alt ist,
der hat sie miterlebt und kann sich gut daran erinnern,
dass er längere Zeit kein Mobiltelefon zur Verfügung

hatte, nicht am Computer arbeitete und so weiter und so fort. Es gab diese Dinge einfach nicht beziehungsweise bloß in „primitiven" Vorformen, die nur von bestimmten Institutionen genutzt wurden, sonst aber niemandem abgingen. Es ist eine einfache psychologische Tatsache, dass der Mensch leichter auf etwas verzichtet, worüber er ohnehin nicht verfügt, aber nicht so leicht aus der Hand gibt, was er schon besitzt und, aus welchen Gründen auch immer, liebgewonnen hat. Die technologischen Innovationen der jüngsten Zeit legen Zeugnis davon ab. Sie sind nicht nur äußere Zeichen des menschlichen Erfindungsreichtums, sondern markieren auch tiefe Einschnitte in der menschlichen Seele. Man nehme doch einem Jugendlichen für ein paar Stunden sein Handy weg – er wird sich am Rand des Abgrunds wähnen. Aber vielen Erwachsenen geht es ebenso. Man hat in diesem Zusammenhang schon ein enormes Suchtpotenzial festgestellt, und inzwischen hat das Phänomen auch einen Namen: *MAIDS (Mobile and Internet Dependency Syndrome)*. Mich persönlich macht es ziemlich wütend, wenn ich in einem Zugabteil sitze und in Ruhe lesen möchte oder vor mich hindösen will und mich der Fahrgast gegenüber, vor oder hinter mir daran hindert, weil er ununterbrochen telefoniert (und dabei meist auch noch über völlig Belangloses quatscht). Wenn auch Verboten und Verordnungen gegenüber von Natur aus skeptisch, begrüße ich es, dass in Flugzeugen (und in öffentlich zugänglichen Bibliotheken sowieso) jedermann aufgefordert wird, sein Mobiltelefon während des Flugs (oder in der Bibliothek) auszuschalten. Die Internet-Abhängigkeit – vor allem von Kindern und Jugendlichen –

vgl. medienfreier
Sonntag

verursacht zwar keine störenden Geräusche, wird aber in manchen Ländern, zum Beispiel in Südkorea, schon als gravierendes Gesundheitsproblem wahrgenommen. Man muss sich ernsthaft fragen, wohin diese Abhängigkeit noch führen wird.

War man früher, also noch vor kurzer Zeit, unterwegs nicht erreichbar, muss heutzutage ständige Erreichbarkeit gewährleistet sein. Wer leistet sich noch, ohne Laptop zu verreisen?! Man ist *online*, sonst existiert man kaum noch. So empfinden zumindest diejenigen, die sich der neuen Kommunikationstechnologie wie freiwillige Sklaven völlig unterordnen. Es ist irgendwie schon paradox, nicht wahr? Bloß weil diese Technologie verfügbar ist, meint man, sie bis zum Exzess nutzen zu *müssen*. Anstatt zu überlegen, welche Vorteile sie uns bringt und sie nur dort einzusetzen, wo die Vorteile unmittelbar greifbar sind, lassen sich viele von uns von Mobiltelefonen und Computern vollständig beherrschen und erlauben sich kaum noch, die Toilette aufzusuchen, ohne das Mobiltelefon auch dorthin mitzunehmen. Die Betreiber solcher Geräte haben sehr wohl begriffen, dass ihre Produkte umso attraktiver sind, je mehr sie zu leisten vermögen. Neben der Telefonie auch Internetzugang, Bildproduktion und so weiter – alles in einem, auf Knopfdruck. Da gewinnt sogar der Besuch einer Toilette einen neuen „Sinn". Das dorthin mitgenommene Gerät lässt einen vergessen, warum man überhaupt an einem solchen Ort sitzt, vermag lästigen natürlichen Bedürfnissen ihre ursprüngliche Bedeutung zu nehmen. Was freilich noch fehlt, ist ein Mobiltelefon, das nach Beendigung des Stoffwechselprozesses automatisch nach dem Toilettenpapier greift und den lästigen Reinigungsvorgang ebenso automatisch vollzieht ...

Nun, darauf wird man wohl noch lange warten müssen, aber ich will nichts ausschließen. Wem die vorangegangenen Zeilen als Übertreibung anmuten, der möge sich vergegenwärtigen, dass heutzutage sogenannte Multifunktionsgeräte von ihren Herstellern angepriesen und angeboten werden und dass es dem „modernen" Menschen auch gut ansteht, mehrere Arbeiten *gleichzeitig* zu erledigen. „Multitasking" heißt das Unwort. Während man telefoniert, liest man soeben eingegangene elektronische Nachrichten auf dem Computer-Bildschirm und macht sich obendrein Notizen für das bevorstehende Gespräch mit dem Geschäftspartner. Dabei gerät – eine besondere Unsitte unserer Zeit – das Essen zunehmend in den Hintergrund. Während man isst, erledigt man nebenher verschiedene Arbeiten; genau gesagt isst man, während man arbeitet. Schnellimbissbuden wie *Pizza to go* haben darauf längst reagiert, verstärken aber umgekehrt auch jene Unsitte. Der Schweizer Großverteiler Migros bewarb seine Fertigprodukte mit dem Slogan „Mehr Zeit zum Leben". Als ob das Essen nicht zum Leben gehörte! Aber *Hand Held Food* (Häppchen für Eilige) oder *Fast Casual* (gesund und schnell genießen) liegen, wie man sagt, „im Trend". Doch wie man schnell *genießen* kann und dabei auch noch gesund bleibt, hat sich offenbar kaum jemand überlegt, der solche Produkte anpreist. (Das braucht er sich allerdings auch nicht zu überlegen, Hauptsache, er verdient damit viel Geld.) Man sollte meinen, dass wahrer Genuss etwas mit Langsamkeit zu tun hat. In dem Maße, in dem das Essen als Nebensächlichkeit behandelt wird, werden auch soziale Bindungen aufgelöst. Dabei war das *gemeinsame Essen* ein ganz wichtiger Motor unserer sozialen Evolution. Doch unsere Natur ist, wie ausgeführt wurde, nicht zu beschwindeln. „Essstörungen", heute in der westlichen Zivilisation geradezu epidemisch auftretende Krankheiten, sind die Reaktion auf eine Lebensweise, die unserer Art sowohl im biologischen als auch im sozialen Sinn nicht mehr gerecht wird. Solche Phänomene waren noch vor einer oder zwei Generationen praktisch unbekannt. Heute machen sich allerlei dubiose Diätapostel, Ernährungsberater und so weiter Gedanken über „gesunde Ernährung", wollen uns jeden Genuss verleiden und stützen sich dabei oft bloß auf pseudowissenschaftliche „Ergebnisse" und Halbwahrheiten: Das sollte man nicht essen, dies ist unbedingt zu vermeiden, jenes ist gefährlich und so weiter und so fort. Nimmt man alle solchen, von den Massenmedien noch lautstark hinausposaunten Warnungen ernst, dann müsste man in letzter Konsequenz auf Essen (und Trinken) ganz verzichten. In unserer gesamten Evolutionsgeschichte war es bloß wichtig, dass man genug zu essen hatte (was häufig nicht der Fall war). Ein *gestörtes Verhältnis zum Essen* und die Verbreitung von Angst vor dem Essen kann sich daher nur in einer Zivilisation artikulieren, die in die Sackgasse geraten ist.

Vor ein paar Generationen haben die Menschen auch noch durchschnittlich länger geschlafen als heute. So wie das Essen ist auch der Schlaf in unserer Non-Stopp-Gesellschaft zur Nebensache geworden. Die unserer Art gemäße Schlafdauer beträgt bei Erwachsenen

durchschnittlich acht Stunden pro Tag. Das individuelle Schlafbedürfnis ist allerdings sehr unterschiedlich.
Bei mir sind neun Stunden angesagt, und einem zu-
sätzlichen „Minutenschlaf" zwischendurch am Tag bin
ich nicht abgeneigt – damit befinde ich mich in guter
Gesellschaft, zum Beispiel mit Johann Wolfgang von
Goethe (1749 bis 1832). Hitler hingegen soll nur zwei
Stunden pro Tag geschlafen haben. Hätte er bloß sein
ganzes Leben verschlafen! Unzähligen Menschen wäre
dadurch Schlimmes erspart geblieben. Aus biologischer
und psychologischer Sicht ist unbestritten, dass ausrei-
chender Schlaf eine der Grundvoraussetzungen unserer
körperlichen und seelischen Gesundheit ist. Im heutigen Tempodrom wird darauf allerdings kaum Rücksicht genommen. Durchschnittlich schlafen wir heute
(in der Zivilisation westlicher Prägung) zwei Stunden
weniger als vor hundert Jahren. Klar, neben der Arbeit
müssen Freizeitangebote wahrgenommen, Spielfilme
und Talkshows im Fernsehen angeschaut und Fitness-
programme absolviert werden. Die Folge davon ist eine
ständige Übermüdung, die der Gesundheit nicht guttut
und die Kreativität und Produktivität massiv behindert.
Fast aber hat es den Anschein, dass Schlafbedürfnis und
Schläfrigkeit heutzutage etwas Obszönes artikulieren.
Die politischen Eliten der Europäischen Union mit ihren ständigen Marathonsitzungen vom frühen Morgen
bis spät in die Nacht hinein gaukeln uns ein ständiges
Wach-Sein vor – dementsprechend fallen auch ihre
„Entscheidungen" aus. In den mediterranen Kulturen,
deren Lässigkeit die Nordländer stets ein wenig benei-
det haben, droht der Siesta das Aus. Dieses oder jenes,

"Nacht drüberschlafen"

so belehrt uns der Volksmund, soll man *überschlafen*. Dahinter steckt eine aus den Tiefen unserer Geschichte genährte Weisheit, welche der vom Tempodrom einmal erfassten Gesellschaft jedoch nicht mehr zugänglich ist. Es ist höchste Zeit, dass wir diese Weisheit wiederentdecken! Der „schlaflosen Gesellschaft" kann keine schöne Zukunft vorausgesagt werden.

Kehren wir nochmals kurz zum Einfluss der modernen Kommunikationstechnologie auf den Menschen, vor allem die Jugendlichen, zurück. Die heute heranwachsende Generation (Ausnahmen bestätigen die Regel) bildet ihre Identität als Individuum in der Hauptsache schon auf der Ebene dieser Technologien und bricht jede kulturelle Kontinuität ab. Die Telekommunikations-Kultur hat rasch zu einer Spaltung zwischen Kindern und ihren Eltern geführt, die mit dem alten Generationenkonflikt nicht mehr vergleichbar ist. Das Gewebe einer Kultur wurde die längste Zeit aus den Geschichten gesponnen, die einem Kind von seinen Großeltern erzählt und ihm, sobald es ins Lesealter eintrat, durch Bücher vermittelt wurden. Heute aber entwickelt es sich aus der (kindlichen) Erfahrung mit interaktiven Medien. Diese Medien vermitteln dem Kind die „eigentliche" Realität; dass es sich dabei nur um Virtualität handelt, vermag das Kind ja zunächst nicht zu begreifen. Die Macht von Bildern ist stark, von Bildern geht eine große Attraktionskraft aus. Während aber die längste Zeit Menschen zwischen Bildern und der Realität oder bloß der Phantasie, die sie darstellen, doch einigermaßen zu unterscheiden wussten, ist dies heute zunehmend nicht mehr der Fall. Fernsehen und Internet können Bilder von allem Möglichen präsentieren, inwieweit diese Ausschnitte aber irgendeine Realität wiedergeben, ist kaum noch zu entscheiden. Wir Erwachsenen werden oft genug von ihnen geblendet, wie sollen sich dann erst Kinder ihrer Wirkung entziehen. Wenn beispielsweise im Fernsehen auf verschiedenen Sendern darüber berichtet wird, dass etwa in London eine in einem Mülleimer versteckte Bombe entdeckt und entschärft und damit ein terroristischer Akt vereitelt wurde, und wenn dabei auch noch ein Mülleimer kurz ins Bild kommt, dann kann das Ganze wahr oder auch nur eine Propaganda für die Notwendigkeit verstärkter Überwachungsmaßnahmen sein. Wer kann das wissen? Wer *darf* es wissen?

Wir wollen natürlich das Gesamtthema dieses Buches im Auge behalten. „Im Auge behalten" ist hier auch schon das entscheidende Stichwort. Wir Menschen sind, wie andere Primaten, „Augentiere". Wirklich real ist für uns, was wir sehen. Das brachte uns in unserer Evolutionsgeschichte auch entscheidende Vorteile. Aber wie oft mag schon ein *Homo erectus* auf optische Täuschungen in der Natur hereingefallen sein, wie oft wird ein Neandertaler für wahr gehalten haben, was sich bloß in seinem „inneren Auge" als real abspielte. Doch immerhin, diese unsere Vorfahren beziehungsweise früheren Verwandten (Neandertaler) waren stets mit ihrer *realen* Umgebung konfrontiert, und wann immer sie diese falsch einschätzten, konnte sie das ihr Leben kosten. Unsere heutige virtuelle Welt entscheidet zunächst einmal nicht über Sein oder Nicht-Sein. Wird sie aber für wahr gehalten, sind die realen Konsequenzen unter Umständen verheerend. Die Grenzen zwischen Sein und Schein verwischen, und das Menschenkind wird von unzähligen Eindrücken überflutet, die es – aufgrund der Geschwindigkeit, mit denen sie in sein Gehirn strömen – kaum noch oder überhaupt nicht mehr zu ordnen vermag. Mir persönlich fallen auf den Straßen und in öffentlichen Verkehrsmitteln immer wieder Jugendliche auf, die mit ihren Handys spielen und dabei eine große Nervosität erkennen lassen. Von einer gewissen Unruhe waren Jugendliche auch früher erfasst, das gehört zu ihrer Entwicklung. Nur hat sich dieses in jüngster Zeit anscheinend schon ins Neurotische gesteigert.

Unsere Kulturgeschichte ist wesentlich von Bildern geprägt, seit alters nimmt der Mensch die ihn umgebende Welt (auch) in Bildern wahr, *repräsentiert* sie in Bildern und kommuniziert bildhaft mit seinen Artgenossen. Das 20. Jahrhundert aber hat auch in dieser Hinsicht völlig neue Maßstäbe gesetzt. Mit den rasch sich entwickelnden (technologischen) Möglichkeiten der Bildproduktion wurde der Mensch immer schneller mit einer nie geahnten Fülle von Bildern überschwemmt. Noch in den 1960er und 1970er Jahren lebten wir in einer vergleichsweise sehr bescheidenen Bilderwelt. Wir gönnten uns ab und an den Besuch eines Kinos, während sich heute jeder – der nichts Besseres zu tun weiß – vierundzwanzig Stunden am Tag von Fernsehbildern und Bildern im Internet berieseln lassen kann. Dazu kommt die Verfügbarkeit einer geradezu erschlagenden Fülle von illustrierten Wochen- und Monatsmagazinen sowie Werbeplakaten an jeder Ecke. Das Augentier Mensch ist überfordert. Ein Bild, so heißt es, sagt mehr als tausend Worte. Das ist in gewisser Hinsicht wohl richtig – wenn es sich um

„Außen werbung trifft jeden"
→ erschlägt

ein Bild handelt. Tausende Bilder jedoch, die, ob wir wollen oder nicht, in kürzester Zeit unsere Gehirne durchfluten, verfehlen entweder allesamt ihre Wirkung oder führen den „Betrachter" gründlich in die Irre, weil er sie nur noch verzerrt wahrnimmt oder fälschlicherweise für „Realität" hält.

DAS ENDE DER LANGSAMKEIT

Aus dem Gesagten, das jeder Leser wahrscheinlich mit Beispielen aus seiner eigenen Erfahrungswelt noch zu bereichern vermag, geht hervor, dass die Langsamkeit vor ein paar Jahrzehnten gestoppt wurde. Vorbei ist die Zeit, als ein Bauer mit seinem Pferd und einem einfachen Pflug mehrere Tage brauchte, um einen größeren Acker umzupflügen. Schneller ging das nicht, weil ein Ackergaul nun einmal nur über begrenzte physiologische Kapazitäten verfügt. Wofür dieser Tage brauchte, das schafft heute ein Großtraktor mit einem entsprechenden Pflug innerhalb weniger Stunden. Den Rekord hält – Informationen aus dem Internet zufolge – ein fünfhundertsiebzig Pferdestärken starker Traktor, der mit einem großen Scheibenpflug eine Fläche von über sechshundert Hektar in vierundzwanzig Stunden bearbeitete. Nun verfügen heute die meisten Landwirte in unseren Breiten kaum über sechshundert oder mehr Hektar Ackerfläche und können sich auch einen Traktor dieser Größenordnung nicht leisten. Aber bereits als einmaliges Beispiel ist dieser Rekord bezeichnend.

Er zeugt von einer technischen Gigantomanie, die kaum noch einen Bezug zur (wirtschaftlichen) Realität erkennen lässt, sondern nur noch dazu dient, Superlative aufzuweisen.

Von Superlativen sind wir Menschen im Allgemeinen fasziniert. Überhaupt fasziniert uns alles, was irgendwie die gewöhnlichen Maßstäbe sprengt, Maßstäbe, die in unserem Alltagsleben üblicherweise angelegt werden. Superlative spornen uns an, wenngleich wir um ihre Einmaligkeit wissen. Aus irgendwelchen Gründen, die noch genauer untersucht werden wollen, fühlen sich Menschen von Geschwindigkeit angezogen. Wie bereits gesagt, wäre wohl schon der prähistorische Mensch sehr angetan gewesen, wenn er sich schneller hätte fortbewegen können, ohne seinem Fortbewegungsapparat mehr abzuverlangen, als der zu leisten vermochte. Aber das war ihm eben nicht vergönnt. Zweifelsohne waren die Steinzeitmenschen gute bis sehr gute Läufer, doch sie stießen an ihre Grenzen. Auch heutigen Marathon- und Schnellläufern sind Grenzen gesetzt. Nun aber gaukelt sich der Mensch vor, dass er seine natürlichen Grenzen durch die Technik überwinden könne. Nichts geht ihm schnell genug. Befindet er sich am Ort A, möchte er am liebsten schon gleich am Ort B sein. Warum er möglichst schnell von A nach B kommen will, könnte er, ernsthaft danach befragt, oft nicht sagen. Er folgt ja nur dem „Trend" der Zeit, die nun einmal durch Geschwindigkeit bestimmt wird. Auch unsere Kinder sind inzwischen längst von diesem Trend erfasst. Sie dürfen sich kaum noch ihrem biologisch programmierten Tempo gemäß entwickeln. Dabei liegt gerade bei Kindern in

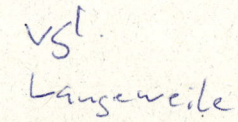

der Langsamkeit produktive Kraft. Sie sollen sich in der Welt, in die sie hineingeworfen wurden, allmählich zurechtfinden. Hierzu ein paar Worte der in der Kindheitsforschung ausgewiesenen Kulturwissenschaftlerin Donata Elschenbroich aus einem Interview in *Psychologie heute*:

> *In der Langsamkeit liegt produktive Kraft. Ein Spaziergang an der Hand der Eltern über einen Friedhof oder die Erfahrung von Heimweh – das sind Fensterplätze, von denen aus das Kind die Welt in Ruhe beobachten kann. Der Weltwissenskanon soll kein Propeller sein, der die Beschleunigung in der Wissensgesellschaft noch steigert. Vielmehr kann er zu Überlegungen führen wie: Wo sind mögliche Erinnerungsstützen, die mein Kind nachhaltig in der Welt verankern?* (Elschenbroich 2001, S. 37)

Eltern müssen jedoch die nötige Muße finden, um mit ihrem Kind an der Hand spazieren zu gehen. (Friedhöfe werden viele von ihnen eher meiden, weil sie diese „dunkle Seite" des Lebens ihren Sprösslingen gern ersparen, so wie Sterben und Tod in unserer Zivilisation insgesamt gern verdrängt werden, weil alles „Bionegative", also alle Schattenseiten des Lebens, nicht zu ihrem Trend passt.) Kindern tut es gewiss nicht gut, wenn ihre Eltern und die ganze Erwachsenenwelt um sie herum ihnen pausenlos Stress, Hast und Eile vorleben und ständig darauf hinweisen, dass man nicht herumtrödeln soll. Aber was heißt eigentlich „Herumtrödeln"? Ich habe in meinem Leben gewiss schon sehr viel Zeit „vertrödelt", weil ich mir nächtelang die Lektüre von Büchern erlaube, die mit meiner jeweiligen Arbeit (scheinbar) nichts zu tun haben, weil ich lange Spaziergänge ohne ein vorher bestimmtes Ziel unternehme, weil ich mich oft irgendwo hinsetze und meine Gedanken einfach kreisen lasse. Keine einzige Minute dieser meiner „Trödelei" habe ich bereut, im Gegenteil, sie war und ist stets eine Quelle meines Wohlbefindens und hat mich zu Vielem inspiriert, das mir obendrein noch Freude bereitet (zum Beispiel das Schreiben dieses Buches).

In mancher Situation ist es natürlich von Vorteil, wenn etwas schnell erledigt werden kann. Und ich will keineswegs behaupten, dass ein ständiges langsames Herumschleichen unserer Art gerecht wird. Unseren stammesgeschichtlichen Ahnen hätte das nicht gutgetan. Was wir aber heute erleben, ist eine maßlose Übertreibung ins andere Extrem. Das Motto lautet „Schneller als schnell ist besser" und entspricht der auf S. 82 erwähnten fatalen Patendlösung. „Man muss schnell sein", schreibt Karlheinz Geißler (2000, S. 1128) – wir sind ihm schon in der Einleitung begegnet –, „aber auch langsam, man muss Pausen machen, warten können, wiederholen, um Neues zu erkennen und dies vom Alten zu unterscheiden." Und der Autor hat völlig Recht, wenn er betont, dass eingeebnete Zeitlandschaften, die nur zu Hast und Eile anspornen, Formen der Barbarei gleichkommen. Dem kann ich nur hinzufügen, dass mit zunehmendem Tempo unsere Erlebnisfähigkeit abnimmt und so in gewissem Sinne unser Leben schneller zu Ende geht. Das sollte eigentlich niemand wollen. Aber einmal vom Geschwindigkeitsrausch erfasst, denkt man daran wohl kaum.

DER BEGINN DES GESCHWINDIGKEITSWAHNS

Mit dem Ende der Langsamkeit einher geht also, logisch, ein zunehmendes Tempo in sämtlichen Bereichen des Lebens, das sich mittlerweile bei vielen Menschen zum Wahn gesteigert hat. Mit „Wahn" meine ich hier im durchaus wörtlichen Sinn der psychologischen Definition einen Krankheitszustand, der durch _Wahnideen_ charakterisiert ist, welche als pathologisch verzerrte Bewusstseinsinhalte anzusehen sind. Die Wahnideen im vorliegenden Zusammenhang liegen in der Vorstellung, dass alles immer schneller zu geschehen hat und dass vor allem der Mensch bei seinen Verrichtungen im Berufsleben wie im Alltag, ja selbst in der Freizeit, ein hohes Tempo erreichen und einhalten muss. Warum das so sein soll, können diejenigen, die einmal dem Geschwindigkeitswahn verfallen sind, natürlich nicht sagen. Ebenso wenig sind sie in der Lage, ihre Vorstellung, dass alles schnell gehen muss, zu korrigieren. Denn es gehört zum Wesen von Wahnideen, dass sie durch Beweise – hier besser: Gegenbeweise – nicht entkräftet werden können.

So wie bei Wahnvorstellungen im Allgemeinen, lässt sich auch für den Geschwindigkeitswahn nicht genau angeben, wann er eigentlich begonnen hat. Er setzte schleichend ein. Wir müssen hier einen sich selbst verstärkenden Prozess mit zwei ineinandergreifenden Komponenten annehmen. Einerseits war die Entwicklung von neuen Technologien für den Geschwindigkeits-

wahn verantwortlich. Andererseits muss aber schon ein
Funken dieses Wahns beim Menschen vorhanden gewesen sein, sonst wäre er nicht auf die Idee gekommen,
solche Technologien zu entwickeln.

> Wir Menschen sind geborene Läufer, und natür-
lich kam es bei unseren stammesgeschichtlichen Ahnen nicht selten darauf an, möglichst schnell zu sein,
um eine Beute zu fangen oder vor einer Gefahr davon-
zulaufen. Schnelligkeit wurde daher auch immer be-
wundert. Aber die längste Zeit war sie eine natürliche
Leistung, abhängig von unserem Bewegungsapparat.
Es ist verständlich, dass der Mensch schon immer die
Vögel bewunderte (oder gar beneidete), die sich unge-
hindert in der Luft fortbewegen können und im Flug
beträchtliche Geschwindigkeiten erreichen. So schafft
der Mauersegler eine Geschwindigkeit von hundertachtzig und der Wanderfalke (im Sturzflug) eine Geschwindigkeit bis zu zweihundertneunzig Kilometern
pro Stunde. So genau konnten unsere prähistorischen
Vorfahren das nicht wissen, aber sehr wohl müssen
sie erkannt haben, dass Vögel ihnen gegenüber mancherlei Vorteile aufweisen. Der Traum vom Fliegen ist
daher wohl tatsächlich so alt wie die Menschheit. Was
der Mensch aber aufgrund seiner Körperkonstruktion
nicht schaffen kann, ermöglichten ihm schließlich in
seinem Gehirn ersonnene Konstruktionen: Flugzeuge.
Nach manchen gescheiterten Experimenten – die von
Leonardo da Vinci (1452 bis 1519) genial ersonnenen
Flugmaschinen waren fluguntauglich – trat das Flugzeug im 20. Jahrhundert einen kaum geahnten Sieges-
zug an. Die Geschwindigkeiten moderner Flugzeuge

vgl. Schiffsreisen

überbieten bei Weitem die Leistungsfähigkeit jedes Gefiederten, der nun seinerseits, wenn er könnte, den Menschen bewundern müsste. Den Rekord stellte bekanntlich die Concorde auf, die „Königin der Lüfte", die seit 1976 unterwegs war und die Strecke von London beziehungsweise Paris nach New York in drei beziehungsweise dreieinhalb Stunden bewältigte. Dieses Flugzeug erreichte eine Geschwindigkeit von fast zweitausendfünfhundert Kilometern pro Stunde. Im Sommer des Jahres 2000 aber stürzte eine Concorde kurz nach dem Start in Paris ab; damit kam das Aus für dieses so bewunderte und prestigeträchtige Projekt der modernen Luftfahrt.

Es will scheinen, dass der Mensch aus dem Unglück der Concorde etwas gelernt hat. Noch ist kein Projekt bekannt, das in der zivilen Luftfahrt den Rekord dieses Flugzeugs wieder erreichen oder gar noch brechen will. Aber warten wir ab ...

Der Geschwindigkeitswahn unserer Zeit ist, wie es scheint, kaum zu bremsen. Doch man weiß, dass Wahnvorstellungen so leicht nicht heilbar sind. Man kann allerdings ihre Symptome bekämpfen, sie für den von ihnen Befallenen erträglich machen. Genau das bezwecken heutzutage die Gegenangebote, die dem Gehetzten und Gestressten Entspannung und Ruhe versprechen. Geißler schreibt treffend Folgendes dazu:

Auch der wohlschmeckende, Slow Food genannte Protest gegen die sich aggressiv ausbreitende Fast-Food-Welle muss in diesen Zusammenhang gestellt werden, ebenso auch der bei Managern jüngst sehr beliebte Trendpfad

zum Kloster auf Zeit, ganz zu schweigen vom sündteu-
ren „Do-nothing-Weekend" zur Selbstfindung ... an der
irischen Westküste. So oder so ähnlich sehen die von der
Beschleunigungsgesellschaft offerierten Abbremsan-
gebote für die gehetzten Individuen unserer Tage aus.
Doch lassen wir uns nicht täuschen. Die sich auf den
ersten Blick als attraktive Gegenwelt präsentierenden
Angebote ... sind von dem gleichen Nützlichkeitsden-
ken infiziert, das den Alltag und dessen Hetze fest im
Griff hat. Die täglich wachsenden Angebote zum Kurz-
zeitausstieg, zur Burn-out-Prophylaxe, zur lange schon
fälligen Entspannungs- und Erholungspause sowie die
diversen Offerten des meditativen „Zu-sich-Kommens"
sind weder in der Lage, der Wachstums- und Beschleu-
nigungsdrift Einhalt zu gebieten, noch gelingt es ihnen,
die Zeit-ist-Geld-Imperative von ihren aggressiven Er-
oberungsfeldzügen in die außerökonomischen Lebens-
welten abzuhalten.   (Geißler 2012, S. 13 f.)

Mit anderen Worten: Selbst die Angebote zur Entschleunigung verfolgen letzten Endes das Ziel, den, der
sie händeringend annimmt, so schnell wie möglich wieder in die Sphäre der Beschleunigung zurückzubringen
– ihn dieser nicht zu entziehen, sondern sie ihm nur
erträglicher zu machen, indem er ihr für ein paar Tage
fernbleiben durfte.

Die Folgen der Beschleunigung beginnen bei vielen Menschen tiefe Kerben in die Seele einzuritzen. Das
Phänomen ist unter der Bezeichnung *Burnout* bekannt
und fast schon in aller Munde. Eine einheitliche Definition und Diagnose des Burnout-Syndroms gibt es zwar

nicht, aber im Allgemeinen ist damit das Gefühl eines (wörtlich) „Ausgebranntseins" gemeint, das Empfinden totaler körperlicher und seelischer Erschöpfung. Dieses Gefühl ist nicht neu, es hat auch schon in früheren Zeiten Menschen befallen, die überfordert waren oder sich selbst überfordert haben. Ein Beispiel ist der Komponist Gioachino Rossini (1792 bis 1868), der im Alter von siebenunddreißig Jahren typische Symptome des Ausgebranntseins entwickelte und für den Rest seines Lebens keine Opern mehr komponierte. Bemerkenswert aber ist die rapide Zunahme des Burnout-Syndroms in den letzten Jahren unter nahezu allen Berufsgruppen, also keineswegs allein unter Spitzensportlern oder Angehörigen von Berufen, denen besondere Leistungen abverlangt werden, wie beispielsweise Ärzten. Ärzte und Vertreter anderer medizinischer Berufe (Krankenschwestern, Krankenpfleger) sind allerdings besonders betroffen. Einer amerikanischen Studie zufolge leiden bis zu achtzig Prozent zumindest unter einem milden Burnout. Eine Befragung von Ärzten in der Schweiz ergab, dass fast ein Drittel von ihnen über ein mittelschweres Burnout klagen. Nach Angaben von Sabine Paul in ihrem Buch *Paläopower* leiden derzeit über zehn Prozent der Deutschen unter dem Burnout-Syndrom – und die Tendenz ist steigend. Burnout wird meist mit Belastungen am Arbeitsplatz in Verbindung gebracht, muss aber wohl auch von anderen Faktoren abhängen. Es ist wahrscheinlich die Folge eines insgesamt ungünstigen Wechselspiels von Arbeitsüberlastung, mangelnden sozialen Bindungen und Hast und Eile selbst bei Freizeitaktivitäten.

Wie auch immer nun Burnout definiert und im Einzelnen beschrieben wird, so haben Mediziner doch eine Reihe von Kriterien ausgearbeitet, die typischerweise zum Burnout führen, „Burnout-Fallen" gewissermaßen. Dazu gehören unter anderem ständiger Zeitdruck, Geschwindigkeitsrausch, Mangel an Anerkennung, Perfektionismus, ständige Angst um den Arbeitsplatz und fehlende Regeneration. Burnout wäre also insgesamt ein Anzeichen dafür, dass den Betroffenen eine artgerechte Lebensweise nicht vergönnt ist. Unsere prähistorischen Ahnen hatten im Wesentlichen drei (miteinander zusammenhängende) Probleme zu lösen: sich fortzupflanzen, sich mit Nahrung zu versorgen und sich vor Gefahren zu schützen. Dabei wurden sie von nichts anderem abgelenkt. Sie haben sich, vor allem bedingt durch die Nahrungssuche, viel bewegt. Man schätzt, dass sie pro Tag durchschnittlich fünf Kilometer zurückgelegt haben. Aber sie absolvierten keine Leerläufe (im buchstäblichen Sinn des Wortes) und schossen auch nicht übers Ziel hinaus. War der Ziegenbock oder die Wildsau erlegt, zerteilt und aufgefressen, gönnten sie sich Ruhe (vgl. S. 31). Dagegen hockt der typische Büromensch von heute an seinem Arbeitsplatz den ganzen Tag vor dem Computer und sitzt am Abend zu Hause abermals entweder vor einem Computer oder vor dem Fernsehapparat, die ihm ja nicht unbedingt die ersehnte Entspannung verschaffen, sondern ihn oft zusätzlich noch aufregen. Im Büro erledigt er viele Arbeiten, deren eigentlicher Sinn ihm nicht so recht eingehen will. Er ist aber gezwungen, sie möglichst schnell zu erledigen, und sieht sich häufig veranlasst, viele Dinge auf einmal zu tun (siehe oben), die sich unter dem Strich oft allesamt als völlig unnötig herausstellen. Er ist ein Gefangener im Hamsterrad. Es ist natürlich unvermeidlich, in diesem Zusammenhang auch kurz auf das Phänomen Stress einzugehen. „Stress" ist in unserer Alltagssprache längst zum geflügelten Wort geworden. „Ich fühle mich gestresst", „Ich habe viel Stress", „Stress kommt auf uns zu" sind Wendungen, mit denen wir ständig konfrontiert sind (und die wohl jeder von uns zumindest gelegentlich selbst benutzt). Als der österreichisch-kanadische Mediziner Hans Selye (1907 bis 1982) das Wort in den 1930er Jahren in die Medizin einführte, konnte er wohl kaum ahnen, welche Bedeutung und Verbreitung es noch gewinnen wird. Selye übernahm den Ausdruck aus der Physik, wo er so viel wie Spannung oder Materialübermüdung bedeutet. Diese Analogie will sehr treffend erscheinen. Stress ist in der Natur kein Ausnahmezustand, alle Lebewesen stehen manchmal oder öfter unter Stress, das heißt unter Anspannung oder unter Druck. Sie sind verschiedenen Gefahren von Seiten ihrer Außenwelt ausgesetzt, buhlen um Geschlechtspartner, wetteifern um Nahrung. Das erzeugt natürlich immer wieder eine gewisse Anspannung, die allerdings körperliche und psychische Reaktionen stimuliert, welche helfen sollen, die gegebenen spezifischen Anforderungen zu bewältigen. Stress ist also an sich nichts Negatives. Er ist eine Lebensfunktion wie andere solcher Funktionen auch. Die dauerhafte Abwesenheit von jeglichem Stress bewirkt Langeweile und Spannungslosigkeit und wirkt sich ungünstig auf ein Lebewesen aus. Allerdings muss festgehalten werden:

Wenn akuter Stress ... nicht erfolgreich bewältigt wird, geht er in eine Dauerstress-Situation über. In der darauf folgenden Widerstandsphase signalisiert der Körper seine Grenzen: z. B. mit Schlafstörungen, Erschöpfbarkeit, Atembeschwerden, Schwindel, Menstruationsbeschwerden, Potenzstörungen, Antipathie, zunehmender Aggression und Kritik gegenüber Anderen, gehemmtem Arbeitsverhalten. Werden die biologischen Signale weiterhin übergangen, kommt es schließlich zur Erschöpfungsphase: Zusammenbruch der Infektabwehr, Herzprobleme, Magen-Darm-Beschwerden, Geschwüre, Infarkt, Verzweiflung, Depression, Arbeitsunfähigkeit, Selbstmordgefahr. (Paul 2012, S. 200)

Beim heutigen zivilisierten Menschen erfährt Stress eine neue und bedenkliche Qualität. Viele von uns stehen unter *Dauerstress*, der zu langfristigen psychischen und körperlichen Schäden führt und sich, wie soeben beschrieben, auch in einem plötzlichen Zusammenbruch äußern kann. Wer ständig auf Trab ist, in ständiger Angst lebt, etwas zu versäumen, wer sich fortgesetzt mit Situationen konfrontiert sieht, die er ebenso wenig vermeiden wie bewältigen kann, muss mit negativen Folgen für seine Gesundheit rechnen. Sicher gibt es hier kein exaktes Maß. Manche Menschen ertragen mehr, andere weniger Stress. Aber ununterbrochene Stress-Situationen kann kein Mensch aushalten, ohne Schaden zu nehmen. Das Ausmaß, in dem heute viele Menschen „stressigen Situationen" ausgesetzt sind, geht über das Erträgliche hinaus und wird unserer Art nicht mehr gerecht. Im Allgemeinen tendiert der Mensch natürlich dazu, solche Situationen zu vermeiden, aber er ist als einziges unter allen Lebewesen auch imstande, Stress künstlich zu produzieren. „Weihnachtsstress", „Silvesterstress", „Urlaubsstress", „Geburtstagsstress" – selbst Anlässe, die positive Stimmungen erzeugen, entspannte Situationen hervorbringen sollten, werden ihm zur Belastung, weil er sie geradezu als über ihn hereinbrechende „Naturgewalten" wahrnimmt, denen zu entkommen er sich nicht in der Lage sieht. Er ist ein Getriebener seiner selbst, sperrt sich selbst in einen Hamsterkäfig ein und läuft unentwegt im Hamsterrad. Seine ganze Umgebung spornt ihn dazu an, nur noch schneller in diesem Rad zu laufen, ohne je ein Ende des sinnlosen Laufs absehen zu dürfen. Mein Kater beispielsweise gerät auch gelegentlich unter Stress, wenn etwa jemand unerwartet an der Wohnungstür läutet oder wenn es donnert. In solchen Fällen läuft er aufgeregt hinter ein Bücherregal und kommt erst wieder hervor, wenn er keinerlei Gefahr mehr wahrnimmt. Beides, das Läuten an der Wohnungstür und ein Donnerwetter, kommen aber natürlich nicht ununterbrochen vor, die meiste Zeit genießt das Tier seine Ruhe. Da der Kater inzwischen vierzehn Jahre alt ist und keinerlei Anzeichen von „Depressionen" oder sonstigem Unwohlsein erkennen lässt, scheint er ein insgesamt zufriedenes Leben zu führen (um seine Mahlzeiten muss er sich freilich nicht selbst kümmern).

Man mag sich in diesem Zusammenhang fragen, wie etwa die Soldaten in den beiden Weltkriegen ihren enormen Stress bewältigt haben oder wie überhaupt Kriegsteilnehmer mit ihrer Situation fertigwerden (vor allem, wenn sie nicht freiwillig, als Berufssoldaten, in diese Situation geraten), die ja wahrhaft nicht mit Urlaubs- oder

Geburtstagsstress verglichen werden darf. Unbestritten ist wohl, dass viele von ihnen ihr ganzes weiteres Leben lang von einem „Rest" traumatischer Erlebnisse begleitet wurden und werden. Mein Vater, der im Zweiten Weltkrieg in der Sahara stationiert war und dort fürwahr nichts Angenehmes erlebt hat, berichtete allerdings wiederholt, dass er und seine „Kameraden" weder an Depressionen litten noch suizidgefährdet waren und dass keiner von ihnen einen Herzinfarkt erlitt. Die Erklärung dafür kann nur lauten: Sie kämpften um ihr nacktes Überleben und hatten sonst kein anderes Ziel vor Augen. Sie waren auf die Stufe des Steinzeitmenschen „reduziert", der sich über sein eigenes Überleben hinaus keine Ziele setzen konnte und froh sein musste, seine Tage zu überstehen. Wieder einen Tag überstanden zu haben, immer noch am Leben zu sein – das allein verschafft positive Gefühle. Gefühle, die der Mensch in der heutigen Zivilisation nicht mehr zu schätzen weiß, im Allgemeinen nicht empfindet, weil er sein (physisches) Überleben als Selbstverständlichkeit voraussetzt, sich aber etwa bei Verlusten an der Börse gleich am Ende seiner (physischen) Existenz fühlt. Eine absurde Angelegenheit!

Aus der Antike ist die tragische Figur des Sisyphos überliefert, den Götter dazu verurteilt hatten, einen Felsblock auf einen Berg hinaufzuschieben. Der Stein aber rollt kurz vor dem Gipfel immer hinunter und Sisyphos muss seine (sinnlose) Tätigkeit stets von Neuem beginnen. Albert Camus (1913 bis 1960) brachte in seinem Werk *Der Mythos von Sisyphos*, das sich als ein Versuch über das Absurde versteht, den Arbeiter mit Sisyphos in Verbindung und bemerkte (Camus 1942 [1991, S. 99]):

> *Heutzutage arbeitet der Werktätige sein Leben lang unter gleichen Bedingungen, und sein Schicksal ist genauso absurd. Tragisch ist es aber nur in den wenigen Augenblicken, in denen der Arbeiter bewußt wird.*

Inzwischen trägt man dafür Sorge, dass sich der Werktätige (Arbeiter, Verkäufer, Angestellte) seiner absurden Situation erst gar nicht bewusst wird. Während der Arbeit kann er sich ohnedies nicht die Zeit zur (selbst-)kritischen Reflexion nehmen, und außerhalb des Arbeitsplatzes wird er allerorten zunehmend von Musik und Videobildern berieselt. Überall im öffentlichen und halböffentlichen Raum strömen heute, ob wir wollen oder nicht, Töne und Bilder in unser Gehirn. Auch in vielen Lokalen – sei es in Deutschland, in Österreich, in Italien – kann man nicht mehr sitzen, ohne durch Musik und Bilder aus Monitoren abgelenkt zu werden. Auffallend ist besonders die Verbreitung von Lärm, auch – und vor allem – an Orten, an denen man sich Ruhe wünschen würde. Doch wer soll schon Ruhe haben?! Lorenz (1973, S. 36) diagnostizierte treffend:

betäuben

> *Für die um sich greifende Sucht nach Lärm, die bei der sonstigen Neurasthenie moderner Menschen geradezu paradox ist, gibt es keine andere Erklärung als die, daß irgendetwas übertäubt werden muß.*

Ja, der Einzelne soll sein Unbehagen (an der Kultur, an seiner eigenen Situation) erst gar nicht empfinden, er soll sich in eine Geräuschwelt wegträumen, die ihm eine Welt vorspielt, die ebenso real wie irreal sein kann. Am besten, man denkt erst gar nicht darüber nach …

DIE STUNDE DER PLANER UND MACHER

Zu allen Zeiten der Menschheitsgeschichte haben – was geradezu als Axiom hingestellt werden darf – einige Leute ihre Pläne „für die Allgemeinheit" geschmiedet und glaubten zu wissen, was für alle anderen Menschen gut sei. In erster Linie aber – auch das darf axiomatisch hingestellt werden – hatten die meisten dieser Leute ihr eigenes Wohlergehen im Sinn. Ja, was denn sonst?! Ihre eigentliche Zeit aber kam im 20. Jahrhundert, nach dem Zweiten Weltkrieg. Ich gebe zu: Das ist eine nicht unproblematische Behauptung. Der kritische Leser wird fragen, was ich denn unter „Planern" und „Machern" – diese Ausdrücke verwende ich im vorliegenden Buch öfter – überhaupt verstehe. Ich fasse darunter in der Hauptsache Politiker, Lobbyisten, Manager von Großkonzernen und Vertreter der internationalen Finanzwelt zusammen, die glauben, die Geschicke dieser Welt bestimmen zu können, und sich auch dementsprechend in Szene setzen. Man mag fragen, ob denn diese Leute nicht selbst Gefangene „im System" sind (?). Aber was ist denn „das System"? Es erfindet sich nicht selbst, sondern wird von Menschen gestrickt! Allerdings ist die Eigendynamik komplexer Prozesse unberechenbar und die Konsequenzen von in komplexen Systemen getroffenen Entscheidungen entziehen sich praktisch jeder Voraussicht. Unser unter den Bedingungen der Steinzeit entwickeltes Gehirn ist mit weltumspannenden Prozessen und Systemen

Akteure vs. Menschen

überfordert. Genau das sollte man den modernen Planern und Machern ins Stammbuch schreiben. Sie sollten dringend etwas Evolutionsbiologie lernen.

Jeder von uns plant und macht schließlich etwas. Gewiss. Aber es ist eines, für sich einen Ausflug zu planen und dann loszuziehen, einen Zeitungsartikel oder ein Buch zu schreiben, ein altes Motorrad wieder betriebsfertig zu machen oder einen Garten zu bebauen. Etwas anderes sind Pläne für die Neustrukturierung einer ganzen Gesellschaft. Die bislang schlimmsten solcher Pläne waren das Dritte Reich und der Stalinismus. Mit beiden sind ihre Urheber zwar gescheitert, aber zuvor rissen sie unzählige Millionen von Menschen ins Verderben. Nach dem Zweiten Weltkrieg begann sich ein ungeahnter Optimismus auszubreiten, die Menschen schauten positiv in die Zukunft, die ja kaum schlechter werden konnte als ihre Vergangenheit – und sie vollbrachten (in Europa), was gemeinhin als „Wirtschaftswunder" bezeichnet wird. Das war gut so. Davon euphorisiert, merkten sie jedoch nicht, dass die Versprechungen der Zukunft vielleicht noch weit über das hinausgehen könnten, was sie in den vorangegangenen Schreckensjahren erträumten: eine friedliche Welt, ein halbwegs gesichertes Einkommen, ein Leben in Freiheit. Inwieweit gingen jene Versprechungen über das Erwartete hinaus? Indem dem Einzelnen zunehmend deutlich gemacht wurde, dass seine „Freiheit" nur gewährleistet werden könne, wenn er sich unterschiedlichsten Regeln unterwerfe (George Orwell lässt grüßen). Der Verhaltensforscher Irenäus Eibl-Eibesfeldt schreibt Folgendes dazu:

> *Es werden jedes Jahr mehr Gesetze und Verordnungen erlassen als aufgehoben. Das Leben wird zunehmend reguliert und der Einzelne zunehmend in ein Systemganzes integriert, und zwar nicht als Ergebnis einer bösen Verschwörung, sondern mit erschreckender Automatik, hinter der das Bedürfnis nach Perfektion und Vorsorge steht. Diejenigen, die die Verordnungen schaffen, legen sich dabei selbst in Fesseln. Der Handlungsspielraum aller wird so zunehmend eingeengt. Wir verlieren an individueller Freiheit.* (Eibl-Eibesfeldt 1988, S. 242)

Die Regulierungswut hat mittlerweile eine gefährliche Eigendynamik entwickelt. Der Einzelne wird immer wieder plötzlich vor neue Gesetze, Verordnungen, Erlässe und so weiter gestellt, deren Entstehungsgeschichte er ebenso wenig kennt, wie er ihren Sinn einzusehen braucht. Parlamentarier beschließen Gesetze, die sie selbst nicht verstehen oder von deren Sinn sie auch nicht überzeugt sind. Nur um die jeweilige Sitzung möglichst schnell hinter sich zu bringen, heben sie ihre Pfoten und akzeptieren jeden auch noch so absurden Gesetzesentwurf – ohne zu bedenken, was dieser in der „Lebenspraxis" vieler Menschen bewirken könnte. Wichtig ist, in kürzester Zeit möglichst viele Gesetze oder Gesetzesnovellen auf den Weg gebracht zu haben, um den Eindruck zu vermitteln, dass sich ja etwas „bewegt". In welche Richtung sich dabei etwas „bewegt", ist vollkommen irrelevant. So entsteht jedenfalls eine Woche für Woche, Tag für Tag wachsende Flut von Gesetzen und Verordnungen, die sich früher oder später – nach einem von den Gesetzgebern nicht geahnten Mechanismus – selbst ersticken wird. Hier ein Bei-

Lebens-
Wirklichkeit

spiel aus dem österreichischen Recht (wobei gleichgültig ist, worauf der Gesetzestext sich im Konkreten bezieht):

> *Die Nebengebührenzulage zum Ruhegenuss beträgt, sofern dem Ruhegenuss eine Ruhegenussbemessungsgrundlage im Ausmaß von 80 % des ruhegenussfähigen Monatsbezugs zugrunde liegt, den 437,5ten Teil des Betrages, der sich aus der Multiplikation der Summe der Nebengebührenwerte mit 1 % des im Zeitpunkt des Entstehens des Anspruches auf die Nebengebührenzulage geltenden Gehaltes der Gehaltsstufe 2 der Dienstklasse V zuzüglich einer allfälligen Teuerungszulage ergibt. Liegt dem Ruhegenuss eine gemäß § 4 Abs. 3 des Pensionsgesetzes 1965 gekürzte Ruhegenussbemessungsgrundlage zugrunde, so gebührt die Nebengebührenzulage in jenem Ausmaß, das dem Verhältnis der gekürzten zur vollen Ruhebemessungsgrundlage entspricht.*
>
> (zit. in Hauptmann 1998, S. 493)

Aber eine Mitteilung des Bonner Bundesamtes für Finanzen steht diesem Text um nichts nach:

> *Da sich der Nachzahlungszeitraum über mehr als 12 Monate erstreckt, beträgt die Einkommensteuer das Dreifache des Unterschiedsbetrages zwischen der Einkommensteuer für das um diese Einkünfte verminderte zu versteuernde Einkommen (verbleibendes zu versteuerndes Einkommen) und der Einkommensteuer für das verbleibende zu versteuernde Einkommen zuzüglich eines Drittels dieser Einkünfte.*
>
> (zit. in DER SPIEGEL Nr. 48, 1995, S. 246)

erwachsene, inteligente Menschen müssen sich mit solchem Nonsense beschäftigen
⇒ Beschäftigungstherapie?

Einem Schriftsteller, der seine Phantasie spielen lassen will, würde die Niederschrift eines solchen Unsinns selbst bei großer Anstrengung kaum gelingen. Juristen, Gesetzgeber schaffen es aber mühelos. Schließlich brauchen sie sich nicht darum zu kümmern, ob irgendwer ihre – semantisch vollkommen widersinnigen – Texte versteht. Am besten ist es, wenn diese Texte niemand versteht. Das schafft den Juristen vielfältige Deutungsmöglichkeiten, und der juristische Laie kann für dumm verkauft werden. Was ja auch beabsichtigt wird. Das Ziel der Gesetzgebung besteht offenbar darin, alle Gesetzeslücken Schritt für Schritt zu schließen, das menschliche Leben mit Gesetzen vollständig zuzupflastern. Sollte das – rein hypothetisch gesehen – eines Tages gelingen, dann wird das öffentliche und private Leben (selbstverständlich auch das der Juristen) zum vollständigen und dauerhaften Stillstand kommen.

Der Drang zur Überregulierung geht aber nicht nur von Regierungen beziehungsweise deren gesetzgebenden Instanzen aus, sondern ist längst auch Kennzeichen von privaten Organisationen, Wirtschaftsbetrieben, Einkaufszentren und so weiter. In dem Maße, in dem man ihm eine heile Welt vorspielt – man achte auf Slogans wie „Für uns zählen die Menschen" oder „Hier bin ich Mensch, hier kaufe ich ein"! –, wird der Einzelne überall am Gängelband herumgeführt. Überwachungskameras und private Sicherheitswächter sind heute allerorts zur Selbstverständlichkeit geworden. Wir werden alle als potenzielle Verbrecher wahrgenommen. Nach einer bemerkenswert gut funktionierenden „inneren Logik" dienen sämtliche dieser

Sicherheitsmaßnahmen in erster Linie ihrer Selbst-
bestätigung: Dass da oder dort nicht eingebrochen, da
oder dort keine Bombe zur Explosion gebracht wurde,
bestätigt ihre Bedeutung und führt mehr oder weniger automatisch dazu, sie weiterhin zu verstärken (man
denke an die Sicherheitsschlösser, S. 82).

In scheinbar paradoxem Widerspruch dazu steht
die in vielen Bereichen unserer Gesellschaft gesteigerte Risikobereitschaft, die sich beispielsweise in Extremsportarten manifestiert. Der Mensch in der Industriegesellschaft hat manche „Urängste" eingebüßt, muss sich
beispielsweise nicht vor dem Angriff eines Löwen oder
Höhlenbären fürchten und braucht (jedenfalls, wenn
er im Großstadtbereich lebt) bei einem Gewitter keine
Ängste mehr auszustehen. Also benötigt er, um das steinzeitliche „Angstniveau" einigermaßen halten zu können,
irgendeinen „Kick", wie man heutzutage zu sagen pflegt.
Je sicherer – und mithin monotoner – sich sein Alltagsleben gestaltet, umso höhere Risiken ist er einzugehen
bereit. Gewiss trifft das nicht auf alle Menschen zu, aber
Motorradfahrer, die mit hundertachtzig Stundenkilome-
tern unterwegs sind, gibt es ebenso wie Kletterer auf hohen Hausfassaden und ab und zu einen Wahnwitzigen,
der von einer Brücke auf einen fahrenden Eisenbahnzug
springt. Während in James-Bond-Filmen und ähnlichen
Streifen dieses Genres die positiv besetzten Hauptfiguren
solche und andere waghalsige Aktionen aber, jeder Wahrscheinlichkeit zum Trotz, immer unverletzt überstehen,
sieht die Wirklichkeit meist etwas anders aus.

Halsbrecherische Aktionen Einzelner sind deren
Privatsache. Atomkraftwerke jedoch sind nicht nur

Angelegenheit ihrer Erbauer und Betreiber. Obwohl inzwischen eigentlich jeder weiß, dass absolut sichere Atomkraftwerke eine Illusion sind – das einzige wirklich sichere steht im niederösterreichischen Zwentendorf (es wurde, aufgrund massiver Bürgerproteste, nie in Betrieb genommen) –, verspüren viele Menschen dabei keinerlei Angstgefühle. Unsere Macher haben sogar ein relativ leichtes Spiel damit, die Atomkraft als sicher zu verkaufen. Zwar hat das Unglück von Fukushima zunächst weltweit Ängste ausgelöst, die aber bald wieder einer Beruhigung gewichen sind. Und die Massenmedien geben in ihrer Berichterstattung längst anderen Themen den absoluten Vorrang. Im Zusammenhang mit der Atomkraft bringt der Verhaltensforscher und Pädagoge Felix von Cube den Vergleich mit dem Beifahrer auf dem Motorrad:

> *Ebenso wie der Beifahrer auf dem Motorrad ist der Beifahrer der Risikogesellschaft ohnmächtig ausgesetzt. Er steht mit Beklemmung vor dem Atomkraftwerk, ... er ist von einer plötzlichen oder allmählichen Zerstörung bedroht, gegen die er nichts machen kann; er ist entmündigt, sein Handeln spielt keine Rolle, die Folgen seines Tuns sind ohne Belang.* (Cube 2000, S. 126)

Während aber niemand mit einem zu waghalsigen Manövern neigenden Motorradfahrer mitfahren muss, sieht die Sache bei der Atomkraft natürlich anders aus.

Es ist bemerkenswert, mit welcher Vehemenz heutzutage selbst die geringste auch nur denkbare Gefahr im Leben des Einzelnen per Gesetz bekämpft wird. Und wo schon nicht bindende Gesetze ausgeheckt werden, dort werden zumindest (dringende) Empfehlungen formuliert. So befasst sich die *Europäische Agentur für Sicherheit und Gesundheitsschutz am Arbeitsplatz* unter anderem mit der Verhütung von Unfällen im Gastgewerbe und findet nicht weniger als elf Maßnahmen gegen die Gefahren des Rutschens, Stolperns und Stürzens beim Gastgewerbepersonal (im Detail nachzulesen im Internet). Als eine dieser Maßnahmen wird der Belegschaft empfohlen (man lese und staune): „Gehen – nicht rennen." Ich weiß nicht, welche Beobachtungen der Leser bei seinen Gaststättenbesuchen in diesem Zusammenhang schon gesammelt hat. Ich jedenfalls habe noch nie einen rennenden Kellner oder eine rennende Kellnerin in einem Lokal wahrgenommen (sehr wohl aber manche Bedienung, die, im Interesse ihres eigenen Wohlbefindens, der Langsamkeit pflegte).

Ebenso bemerkenswert ist, mit welcher Gelassenheit die Verantwortlichen den großen Gefahren begegnen, welche diesen Planeten und die Menschheit als Ganzes bedrohen: die rasante Bevölkerungsvermehrung, die massive Zerstörung von Lebensräumen, die nach wie vor bestehende Gefahr eines Atomkriegs. In diesen Bereichen ringen sie sich nur Lippenbekenntnisse ab. Natürlich mischt dabei der Steinzeitmensch in uns wieder kräftig mit. Seine Gefahren und Risiken waren, ohne dass wir sie bagatellisieren wollen, recht gut überschaubar. Radioaktivität, die Verpestung der Luft durch Industrieanlagen oder die großräumige Zerstörung von natürlichen Landschaften mit all ihren riskanten langfristigen Folgewirkungen waren dem prähistorischen Menschen unbekannt, er konzentrierte sich daher – naturgemäß – auf die unmittelbar „greifbaren" Fährnisse: Blitz und Donner, das Vorbeikommen eines Raubtiers, Hunger und Durst. Genauso gehen die heutigen Steinzeitmenschen in ihren Regierungen, Organisationen, Agenturen und so weiter vor. Sie fokussieren die kleinen, überschaubaren Gefahren und finden dabei ein geradezu unermessliches Betätigungsfeld. Denn unsere komplexe Welt ist in zigtausende Gefahrenherde zersplittert, von denen viele wohl noch gar nicht erkannt sind. (Ich weiß nicht, ob man beispielsweise schon daran gedacht hat, dass öffentliche Bänke im Freien unter Umständen eine Gefahr für stillende Mütter und ihren Nachwuchs darstellen: Eine vorbeifliegende, im schlimmsten Fall auch noch mit einer Krankheit infizierte Taube könnte ihre pastosen Exkremente auf die Mutter oder das Kind entlassen ... Mit Sicherheit aber hat man bisher die Gefahr von öffentlichen Bibliotheken unterschätzt: Niemand scheint daran zu denken, dass ein hohes Bücherregal umfallen und in die Lektüre versunkene Leser verletzen oder gar töten kann ...)

Den um unser Wohlergehen ach so Besorgten sollten wir alle zu verstehen geben, dass wir uns der kleinen Gefahren unseres Alltags durchaus bewusst, aber auch imstande sind, ihnen, so gut es geht, auszuweichen, und daher niemanden brauchen, der uns an die Hand nimmt. Insbesondere sollte sich jeder von uns vor Augen führen, dass jene vermeintlich Besorgten sich ja nicht in jedem Fall durch herausragende Intelligenz, besonderes Wissen und außergewöhnlich ausgeprägtes Verantwortungsbewusstsein ausweisen. Während ich diese Zeilen niederschreibe, herrschen in Wien – und anderen Regionen Mitteleuropas – tropische Temperaturen. Selbstverständlich versäumt keine Tageszeitung den Hinweis, dass man bei (extremer) Hitze möglichst viel trinken und leichte Kost zu sich nehmen soll. Unsere steinzeitlichen Vorfahren und noch die alten Griechen und Römer, auch noch die Menschen im Mittelalter und selbst unsere Großeltern hat niemand im Aushalten von Hitze unterwiesen. Irgendwie scheinen sie gewusst zu haben, wie sie sich dabei im Dienste ihres eigenen Überlebens verhalten sollen. Dem von der heutigen Zivilisation „verbogenen Menschen" traut man ein Überleben ohne massenmediale Instruktionen offenbar nicht mehr zu.

Kleiner Nachtrag: Die hier so apostrophierten Planer und Macher verkörpern im Großen und Ganzen die Existenz des *Homo faber*, die Max Frisch (1911 bis 1991) in seinem gleichnamigen *Bericht* treffend charakterisiert hat. Der Homo faber glaubt, dass alles berechenbar sei und nichts dem Zufall überlassen werden müsse. In der Konfrontation mit der „außertechnischen" Welt muss er sich aber eines Besseren belehren lassen. Eine insgesamt tragische Figur.

An dieser Stelle will es nützlich erscheinen, eine der altehrwürdigen großen Fragen aufzugreifen, die den Menschen wohl beschäftigt, seit er sich seines Menschseins überhaupt bewusst ist: „Wer oder was bin ich?" Aber vielleicht ist diese Frage falsch gestellt, möglicherweise ein Projekt, das sich nicht vollenden lässt (?). Wir sollten sie daher etwas bescheidener stellen.

6.

EINE BESINNUNG AUF DAS „MENSCH-SEIN"

Was ist der Mensch? Sein Glück? Die Erd, auf der er irrt?
Erklärt mir, was ihr nennt; dann sagt auch, was er wird;
Wem schnell das Uhrwerk stockt, das in ihm denkt und fühlet?
Was bleibt von ihm, wann ihn der Würmer Heer durchwühlet,
Das sich von ihm ernährt und bald auf ihm verreckt?
Sind Wurm und Mensch alsdann gleich hoffnungslos gestreckt?
Gotthold Ephraim Lessing

Anthropologen und Philosophen, Soziologen und Pädagogen, Theologen und Künstler haben sich mit der Frage befasst, was der Mensch sei. Das Spektrum der Antworten ist sehr breit. Meist streichen sie einen bestimmten Aspekt des *Mensch-Seins* hervor: der Mensch als Vernunftwesen, als geselliges Tier, als kreatives Lebewesen, als Schöpfer der Sprache, als leidendes Lebewesen und so weiter und so fort. Es scheint kaum etwas zu geben, was der Mensch *nicht* ist. „Was ist *der* Mensch?" – die

Frage ist vielleicht zu abstrakt und verführt zu vereinfachenden Antworten. Würde man beispielsweise fragen „Was ist *der* Tiger?" oder „Was ist *die* Waldohreule?" würde man, zumal unter Zoologen, Kopfschütteln auslösen. Mehr als eine klare Beschreibung dieser Tierarten (mit Angaben zu ihrem Verhalten, ihrem Lebensraum und so weiter) und eine Abgrenzung gegenüber anderen Spezies ist nicht möglich, niemand fragt nach dem „Wesen" dieser (und aller anderen) Tiere. Aber im vorliegenden Kapitel ist auch keine umfassende (philosophische) Diskussion der Frage nach dem Wesen des Menschen bezweckt. Es geht vielmehr konkret um die Frage, was ein Mensch *will* – und wie ihn seine heutige Welt in seinem Wollen manipuliert.

Bedürfnis ↑

Im Namen der Globalisierung werden natürliche Lebensräume vernichtet, die kulturelle Vielfalt nivelliert und das Lokalkolorit von Städten und Regionen zerstört. Kleine Betriebe müssen Großkonzernen weichen, die mit ihren Produkten die ganze Welt überfluten und sich in jedem Winkel ihre Monopolstellung zu sichern versuchen. Es ist höchste Zeit zu erkennen, was sich hinter der Globalisierung versteckt: ein Mythos, mit dessen Hilfe sich einige wenige auf Kosten vieler Menschen bereichern. Politische Eliten – oder die, die sich für solche halten – und Manager von multinationalen Konzernen schwadronieren vom „globalen Dorf". Sie wollen damit die vielfältigen sozialen und kulturellen Lebensformen auf unserem Planeten in einen Einheitsbrei verwandeln und allen anderen Menschen einen uniformen Lebensstil aufzwingen – ohne daran zu denken, dass das nicht unbedingt in deren Interesse liegt. Angesichts der Tatsa-

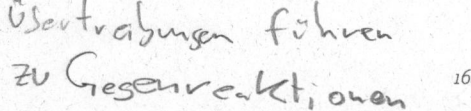

Übertrahungen führen zu Gegenreaktionen

che, dass etwa eine Milliarde Menschen mit weniger als einem Dollar pro Tag leben müssen, erweist sich der globale Kapitalismus als ein <u>modernes Raubrittertum,</u> das in der Geschichte allerdings keine Präzedenzfälle kennt.

WAS WILL EIN MENSCH?

Ein einigermaßen gutes Leben natürlich. Man kann darüber streiten – und man streitet darüber schon lang –, was denn ein „gutes Leben" sei. Doch irgendwie spürt jeder von uns intuitiv, was ihm guttut und was nicht. Einen Tritt in den Hintern wünscht sich keiner von uns, zu einem guten Essen einladen lassen wir uns aber gern. „Gutes" Essen freilich ist wiederum relativ. Wer die scharfe ungarische Küche liebt, wird unter „gutem" Essen etwas anderes verstehen als der Liebhaber von zarten Fischfilets oder ein Vegetarier, dem gebackenes Gemüse Wohlbehagen beschert. Aber natürlich geht es uns Menschen nicht nur ums Essen (wenngleich dieses in unserer „Bedürfnispyramide", verständlicherweise, ganz oben beziehungsweise ganz unten steht). Wir wollen auch sonst Zufriedenheit in unserem Leben finden, wenn nicht gar *Glück*. „Glück" ist freilich ein sehr relativer und unscharfer Begriff. Darüber wurden schon zahlreiche Bände geschrieben, viele Philosophen haben dazu ihre – mehr oder weniger profunden – Gedanken ausgebreitet. Für den einen mag Glück bedeuten, bloß einen Tag lang endlich einmal schmerzfrei leben zu dürfen, für einen anderen der Erwerb eines Mercedes der Extraklasse. Dazwischen liegen alle möglichen Varianten des Glücks oder eben dessen, was man – nach subjektivem Empfinden – so bezeichnet. Menschen, die gezwungen waren, als Frontsoldaten am Zweiten Weltkrieg teilzunehmen, waren glücklich, wenn nicht überglücklich, falls es ihnen vergönnt war, nach dem Krieg unversehrt wieder nach Hause zu kommen. Der Spitzenmanager eines Großkonzerns ist glücklich, wenn er von diesem, obwohl er ihn ruiniert hat, noch eine Abfertigung in Millionenhöhe bekommt. Eine Studentin ist nach einer gut bestandenen Prüfung glücklich und ein Autor empfindet Glück ob einer ihm gut gelungenen Formulierung. Unzählige weitere Beispiele ließen sich noch anführen. Doch kann es an dieser Stelle darum nicht gehen. (Wer sich einen Überblick über philosophische Perspektiven zum Glück und zur Lebenskunst verschaffen will, wird in dem von Siegfried Reusch herausgegebenen Band *18 Antworten auf die Frage nach dem Glück* viel Erhellendes und Interessantes finden. Und schließlich wird sich wohl jeder an die eine oder andere Situation erinnern, die ihm Momente des Glücks bescherte.)

Worum also geht es hier? Einfach darum, dass heutzutage überall *Zwangsbeglückung* um sich greift, die das Gegenteil von Glück in sich trägt. Im Interesse unserer Sicherheit und Gesundheit sind allerlei Menschen angetreten, die uns Glück verheißen, in Wahrheit aber nur ihr eigenes Glück im Sinn haben. Und was denn sonst! Strategien der Entmündigung wurden – darauf wird gleich zurückzukommen sein – zu allen Zeiten in den Köpfen derer gesponnen, die sich als Alpha-Tiere des *Homo sapiens* dünkten und meinten, alle anderen ihren eigenen Vorstellungen gemäß umformen zu können.

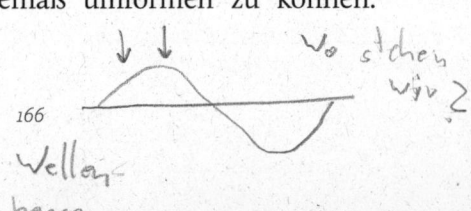

WAS WILL EIN MENSCH?

Aber noch nie in der Menschheitsgeschichte ging dieser Prozess so weit wie heutzutage. Musste noch zum Beispiel die – in etlichen Belangen keineswegs zimperliche und in vieler Hinsicht grausame – Katharina die Große (1729 bis 1796) auf einen Antwortbrief des Philosophen und Literaten Voltaire drei Jahre lang warten, setzt heutzutage jeder, unabhängig von „Rang und Stand", Antworten auf seine Anliegen binnen weniger Stunden oder gar Minuten voraus. Die elektronische Kommunikation macht es möglich. Mitarbeiter vieler Betriebe erhalten die Anweisung, auf jede Anfrage binnen einer Stunde zu reagieren. Während sich aber zwischen Voltaire und Katharina der Großen letztlich eine höchst geistvolle Korrespondenz entwickelte und die Zarin manche Ideen Voltaires übernahm und politisch umsetzte, bringt die beschleunigte Kommunikation zwischen dem gestressten Angestellten etwa einer Versicherungsgesellschaft und seinem genervten Kunden meist gar nichts. Klar, nicht jeder ist Voltaire und nicht jeder korrespondiert mit Kaiserinnen. Aber ich denke, dass man erkennt, worauf ich hinauswill. Jeder sollte sich kritisch fragen, ob denn im einzelnen Fall wirklich Hast und Eile angesagt sind, ob nicht Langsamkeit und umsichtiges Erwägen in der Gesamtbilanz in einer kommunikativen Situation viel bessere und tragfähigere Ergebnisse bringen. Hier ist an das letzte Kapitel anzuknüpfen. Wäre der Mensch seiner Natur gemäß dazu veranlagt, alles blitzschnell zu erledigen und sich mehrere Aufgaben gleichzeitig aufzuhalsen, dann würden sich ja heutzutage nicht so viele Menschen über den Stress in ihrer Lebenswelt beklagen (und kaum jemand würde unter dem Burnout-Syndrom leiden).

STRATEGIEN DER ENTMÜNDIGUNG – GESTERN UND HEUTE

Von Bertrand Russell (1872 bis 1970), dem bedeutenden englischen Philosophen und Aufklärer, stammt die hübsche Metapher vom Huhn. Ein Bauer füttert täglich sein Huhn und dreht ihm letzten Endes den Hals um. Das Huhn wurde während seines Lebens von Tag zu Tag in der Überzeugung gestärkt, dass der Bauer sein Wohltäter sei. Etwas mehr Weitblick hätte dem Gefiederten gutgetan. Statt sich darauf zu verlassen, dass seine Versorgung mit Futter ständig weitergehen wird, wäre er gut beraten gewesen, die Absichten des Bauern zu erkennen. Das aber wäre von einem Huhn zu viel verlangt. Die Moral von der Geschichte: Man hüte sich vor seinen Futtergebern, denn am Ende wird man von ihnen aufgefressen.

Russells Huhn erinnert natürlich an den Bürger, der von seinem Staat aufgefressen wird, nachdem ihm wiederholt manches Bonbon hingeworfen worden war. Regierende aller Zeiten wussten ihren Untertanen auf vielfältige Weise den Eindruck zu vermitteln, dass sie etwas für sie tun, sie eigentlich am Leben erhalten. Dabei brauchten sie aber die längste Zeit nicht sehr umsichtig zu sein, ihre Untertanen standen *unter ihnen* und hatten auch keinerlei Möglichkeit, auf irgendeine Weise sozusagen hinaufzurücken. Absolutistische Herrscher – im weitesten Sinn verstanden –, von den „gottähnlichen" Pharaonen bis zu den Diktatoren der jüngsten Zeit, brauchten ihren Untertanen keinerlei

Nahrung hinzuwerfen, um sie gefügig zu machen. Die (völlige) Entmündigung der ohnedies Rechtlosen folgte einem Automatismus, den niemand (unter den Rechtlosen) stoppen konnte. Die jeweiligen Herrscher waren alles, ihre Untertanen nichts; diese mussten allenfalls froh sein, sich ihren Herrschern unterwerfen zu dürfen. Dieser Automatismus funktioniert sogar heute noch zumindest in einem Land, nämlich in Nordkorea. Bis jetzt jedenfalls haben es die Diktatoren dieses Landes anscheinend geschafft, ihr geknechtetes Volk ungeachtet vieler Hungersnöte sozusagen bei der Stange zu halten. Die Omnipräsenz des Diktators genügt, um das Volk einzuschüchtern und in völliger Abhängigkeit dahinvegetieren zu lassen. Aber offenbar vermittelt auch der nordkoreanische Diktator „seinem" Volk irgendwie den Eindruck, mit diesem gleichsam eine Einheit zu bilden, die sich gegen den „bösen" Rest der Welt schützen muss.

> *Parolen erzeugen Ideologiedummheit. In früher Kindheit eingeprägte ideologische Dogmen sind kaum mehr zu eliminieren. Deshalb wollen Ideologen schon sehr früh Zugriff auf die Gehirne, am besten im Schulalter.*
> (Reutterer 2005, S. 194)

Das Muster hat überall funktioniert, nicht nur in Nordkorea. Im Dritten Reich wurde es immerhin über zehn Jahre lang erfolgreich angewendet.

Aus dem fortgesetzten Zusammenbruch von Diktaturen können wir aber vielleicht Hoffnung schöpfen. Irgendwann höhlt sich das System von selbst aus und die lange Zeit Geknechteten nehmen wahr, dass ihnen mehr und Besseres zusteht; aus dem Gefühl heraus, um etwas betrogen worden zu sein, worauf ein Anrecht zu haben ihnen ihre „innere Stimme" zu verstehen gibt (vgl. S. 20). Kluge Religionsstifter begreifen immer, dass sie die ihnen ergebenen Tölpel, damit die ihnen umso ergebener bleiben, mit der Aussicht auf irgendeine Belohnung trösten sollen – nicht zuletzt mit dem Versprechen auf ein „besseres Leben" im „Jenseits". Damit verteilen sie Bonbons, „Zuckerln", wie man in Österreich sagt, die sich die Entmündigten zumindest sprichwörtlich auf der Zunge zergehen lassen. Dieses Prinzip funktioniert deshalb so gut, weil sich im jeweils vorgegebenen Rahmen weder sein Erfolg, noch sein Misserfolg beweisen lässt. Wer fest an das „Paradies" glaubt, ist davon überzeugt, dass er unter Einhaltung ihm diktierter Handlungsweisen am Ende dorthin kommen wird. Und wenn ihm nach seinem Tode der Eingang ins Paradies versagt bleibt, dann weiß er davon nichts – Verstorbene verfügen bekanntlich über keinerlei kognitive Fähigkeiten – und kann niemandem darüber berichten, dass das Ganze ein veritabler Schwindel gewesen sei.

Diktatoren, die nicht an Gott, ein Weiterleben nach dem Tod und das Paradies glauben, verfolgen andere Strategien der Entmündigung. Das beste – und bislang schrecklichste – Beispiel dafür ist das Dritte Reich. Der Führer und seine Handlanger versprachen niemandem den Eintritt ins Paradies im theologischen Sinn, sondern den „Himmel auf Erden" unter höchst profanen Vorzeichen. Es wäre vermessen, hier nun in wenigen Zeilen die Bedingungen und Konsequenzen des Dritten Reichs abhandeln zu wollen. Das ist auch gar nicht nötig, weil dieses Thema in unzähligen Büchern schon umfassend dargelegt wurde. Ich zitiere an dieser Stelle nur einen Absatz aus der (überaus lesenswerten!) Autobiografie des Psychiaters und Wissenschaftspublizisten Hoimar von Ditfurth (1921 bis 1989), die sich über weite Teile mit profunder Sachkenntnis und persönlicher Erfahrung ihres Autors dieser unseligen Epoche unserer Geschichte widmet:

> *Nun vermag nichts ein menschliches Kollektiv stärker zu beflügeln als die berauschende Überzeugung, im Einklang zu sein mit einem übergeordneten Gesetz, das über alle Fallstricke menschlicher Fehlbarkeit erhaben ist – sei es nun das Gesetz der Geschichte oder eines der Natur. Ein solcher Rausch hatte eine Mehrheit von uns damals erfaßt (ohne daß wir uns unserer psychischen Verfassung bewußt gewesen wären). Er erfüllte uns mit einer Sicherheit, vor der alle Realitäten und Zweifel verblaßten. Das Rezept schien ebenso einfach wie unwiderlegbar: Der Entschluß, die „völkischen Interessen" mit allen Mitteln durchzusetzen, ohne sich durch irgendwelche neben der Sache liegenden Skrupel oder Einwände beirren zu lassen, war nicht nur legitim, nämlich im buchstäblichen Wortsinn die „natürlichste Sache der Welt", sondern deshalb auch das Erfolgsrezept schlechthin.* (Ditfurth 1989, S. 104)

Diese „natürlichste Sache der Welt" tritt uns heute wieder, wenngleich unter anderen Vorzeichen, deutlich vor Augen. Der politische Rechtsruck ist in verschiedenen (europäischen) Ländern nicht zu übersehen. Er ist ein Sprengsatz, vor dessen Entladung wir uns fürchten sollten. Zugleich ist er die „natürliche" Reaktion unzufriedener Menschen, die sich von anderen politischen Parteien im Stich gelassen fühlen. Dem Einzelnen zu viel Heimatgefühl einzupflanzen ist insbesondere dann gefährlich, wenn gleichzeitig alles, was nicht „Heimat" ist, negativ bewertet wird. Ihn aber seines Heimatgefühls berauben zu wollen, indem man ihm eintrichtert, er lebe in einer global verstrickten Welt, geht an seinen abermals natürlichen Bedürfnissen vorbei.

Überall daheim zu sein kann bedeuten, *nirgends* ein Zuhause zu haben, sich an jedem Ort fremd zu fühlen. Die Anpassungsfähigkeit und Flexibilität unserer Spezies darf auch in diesem Zusammenhang nicht überschätzt werden.

MYTHOS GLOBALISIERUNG

Dass der Mensch heute global verstrickt sei, wir alle in einem globalen Dorf leben, global denken sollten – diese und ähnliche Floskeln sind inzwischen kaum jemandem unbekannt. Doch was ist damit gemeint? Was ist Globalisierung?

Man kann darunter zunächst jenen Umstand verstehen, dass dem Menschen heute sehr effektive Möglichkeiten zur Verfügung stehen, mit anderen Menschen weltweit zu kommunizieren. Diese Möglichkeiten hatte man früher auch, man schrieb sich

Briefe. Die aber waren von Kontinent zu Kontinent oft viele Wochen oder Monate unterwegs. Heute kann man einen „Brief" per Knopfdruck abschicken und im nächsten Augenblick ist er – falls keine technische Panne passiert – beim Empfänger. Zur Globalisierung gehört aber nicht nur die schnelle weltweite Kommunikation, sondern auch die Möglichkeit, relativ rasch per Flugzeug jedes beliebige Land der Welt aufzusuchen. Schließlich ist der ohne die heutigen Kommunikations- und Reisemöglichkeiten kaum denkbare weltumspannende wirtschaftliche und kulturelle Austausch ein Merkmal der Globalisierung. Nun, gegen all das wird man schwer etwas einwenden können oder wollen. (Flugzeuge sind große Luftverschmutzer und erzeugen Lärm, aber sei's drum ...) Im Gegenteil, es ist interessant und bereichernd, viele Meinungen kennen zu lernen, andere Länder zu besuchen, Sitten und Bräuche anderer Kulturen an Ort und Stelle zu erleben. In den Wissenschaften etwa hat man sich schon immer bemüht, Kontakte mit anderen Forschern in verschiedenen Ländern zu knüpfen. Wissenschaft war stets ein global verstricktes Unternehmen. Gelehrte verschiedener Länder standen im schriftlichen Kontakt miteinander und besuchten sich, wenn es ihnen möglich war. Was also kann man ernsthaft gegen die Globalisierung vorbringen? Gegen die Globalisierung selbst wenig, aber gegen manche ihrer Auswüchse alles.

Zu diesen Auswüchsen gehört die Ausbreitung internationaler Konzerne, die sich mit einer gewissen Aggressivität an allen Ecken und Enden dieses Planeten einnisten und ihre Produkte jedermann, ob er will oder nicht, aufdrängen. Der amerikanische Soziologe George Ritzer prägte in diesem Zusammenhang den Ausdruck „McDonaldisierung". Die Fastfood-Kette *McDonald's* gibt es heute in der Tat überall und mancherorts hat sie längst traditionelle Gasthäuser verdrängt. Das gilt aber etwa auch für *Starbucks Coffee*, das mit dem alten Kaffeehaus in einen Verdrängungswettbewerb eingetreten ist und diesen auch da und dort schon gewonnen hat. (Mit Bedauern registriere ich, wie das eine oder andere mir seit meiner Studentenzeit bekannte Wiener Kaffeehaus längst seine Pforten für immer geschlossen hat, während ich *Starbucks Coffee* inzwischen überall bemerke. Aber meinen Espresso werde ich dort sicher nie einnehmen.) McDonaldisierung in einem profunderen Sinn bedeutet aber, dass die ganze Gesellschaft, zunächst in den Vereinigten Staaten von Amerika und dann überall, den Charakter von Fastfood-Ketten angenommen hat. Kennzeichen dieser so transformierten Gesellschaft sind der im letzten Kapitel besprochene Geschwindigkeitswahn und der Vorrang der Quantität vor Qualität.

Ein weiteres bedenkliches Merkmal der Globalisierung ist die Ausbeutung von Arbeitskräften. Betriebe verlagern ihre Produktionsstätten in Länder, in denen sie ihren Mitarbeitern nur geringe Löhne zahlen müssen. Damit steigern sie ihren Gewinn oft geradezu ins Unermessliche. Von dem Gewinn aber profitieren nur einige ganz wenige. Begriffe wie „Rationalisierung" und „Gesundschrumpfung" sollen darüber hinwegtäuschen, dass für ihre Manager ausschließlich der Profit ihres Betriebes (und vor allem ihr eigener Gewinn!)

etwas zählt. Damit verkünde ich natürlich nichts Neues, aber das hier Gesagte kann nicht oft genug wiederholt werden.

Ein besonderer Aspekt der Globalisierung, den ich hier hervorheben möchte, ist im Bereich der Bildung beobachtbar. Die Tendenz geht dahin, Bildung global zu vereinheitlichen und lokale Bildungstraditionen einzuebnen. Dabei hat die Europäische Union eine unrühmliche Vorreiterrolle übernommen. Der für praktisch alle mir persönlich bekannten Hochschullehrer und für mich selbst zum Reizwort gewordene Begriff dabei heißt „Bologna-Prozess". Im Jahr 1999 wurde von den europäischen Bildungsministern im italienischen Bologna ein einheitlicher europäischer Hochschulraum beschlossen, der inzwischen auch weitgehend umgesetzt wurde. Eingeführt wurde ein dreijähriges Bachelor-Studium, ein Kurzstudium also, dem ein Master- und schließlich ein Doktorats-Studium folgen können. Was zunächst harmlos aussieht, hat seine Tücken. Ein vorgezogener Studienabschluss kann kaum die Vertiefung in das betreffende Studienfach fördern. Und man muss sich fragen, was denn jemand mit seinem Bachelor-Grad in Fächern wie Archäologie, Paläontologie oder Philosophie anfangen soll. Vielleicht sind ja diese und ähnliche Fächer unseren Bildungsreformern ohnedies ein Dorn im Auge. (Vieles spricht ja dafür.) Was aber jeder, dem Bildung noch ein Anliegen ist, als schmerzhaft stechenden Dorn empfinden muss, ist die Berechnung von Studienleistungen nach Punkten, die natürlich einen Namen bekommen hat: *European Credit Transfer System (ECTS)*. Eine solche

Punkteberechnung mag sich in einer Quiz-Show als sinnvoll erweisen. Wie aber will man die Qualität der Interpretation eines literarischen Werkes, einer philosophischen Abhandlung oder einer Theorie über den Prozess des Sesshaft-Werdens ernsthaft nach Punkten beurteilen? Wohl nur, indem man die entsprechenden Arbeiten selbst nicht ernst nimmt oder ihre Qualität und tiefergehende Bedeutung übersieht.

Der Bologna-Prozess wurde nicht zuletzt deshalb in Gang gesetzt, um – zumindest in der Europäischen Union – die Vergleichbarkeit des Studiums zu gewährleisten. Was freilich nichts anderes bedeutet als „Gleichmacherei"; wie gesagt, das Einebnen von spezifischen Bildungstraditionen. Gleichzeitig aber soll die Mobilität der Studierenden erhöht werden. Das ist ja wahrhaft paradox. Warum soll jemand aus Jena zum Studium nach Rom gehen, wenn ihn dort dasselbe erwartet wie an seiner Heimatuniversität?! Vielleicht wegen der Anreize, die die Stadt Rom bietet. Aber die zu genießen wird ihm ja nicht gegönnt sein, weil er ECTS-Punkte sammeln muss. Und da sind noch die Sprachbarrieren. Vielleicht könnte man die überwinden, indem man an allen Universitäten der Europäischen Union in Lehrveranstaltungen nur noch Basic English als Unterrichtssprache zulässt ...

Apropos Englisch. Diese Sprache dringt, wie niemandem entgehen kann, zunehmend in unser Alltagsleben ein. Wörter einer Sprache werden von anderen Sprachen übernommen, wenn sie in bestimmten Zusammenhängen passend erscheinen. Das ist nichts Neues. Auch im Englischen finden sich manche deutsche

Wörter. (Kürzlich erst erzählte mir ein Engländer, dass das Wort „Schadenfreude" vor nicht langer Zeit ins Englische übernommen worden sei.) Aber die Anglizismen, die heute überall einsickern, nehmen längst groteske Züge an. Bei meinem letzten Besuch in Tübingen vor ein paar Monaten kam ich an einem Friseur-Laden vorbei, der aber nicht so heißt, sondern *Hair Point* (!). Das ist wirklich lachhaft: „Hair Point" im Schwabenland. Und um welches Englisch es sich dabei noch handelte! Hieße es, wenn man denn schon dachte, ein neuer Ausdruck sei fällig, wenigstens „Hair Stylist" ...

Ich weiche vom Thema ab. Aber nur scheinbar. Denn alle diese Dinge hängen eng zusammen. Man gaukelt Globalität und Internationalität vor, preist praktisch unbegrenzte Beweglichkeit an und der alte „amerikanische Traum" – vom Tellerwäscher zum Superstar – scheint in der globalisierten Welt für alle realisierbar geworden zu sein. Doch die Wirklichkeit sieht anders aus. Der am Fließband eines amerikanischen Großkonzerns arbeitende Inder in Mumbai oder das Stubenmädchen einer internationalen Hotelkette in Mexico City werden mit ihren Problemen allein gelassen. Sie können mit dem wenigen Geld, das sie verdienen (und von dem sie womöglich noch ihre Familie unterstützen müssen), an der „großen, weiten Welt" allenfalls beim Fernsehen teilnehmen, wo ihnen aber meist nur Klischees präsentiert werden.

Die Globalisierung mit all den Versprechungen von Politikern, Ökonomen und Werbefachleuten ist ein Mythos. Niemand lebt „global", sondern in seinem eigenen Mikrokosmos, den ihm die hartnäckigen Befürworter der Globalisierungen allerdings zusehends zerstören. Von „Heimat" oder gar „Heimatverbundenheit" zu sprechen gilt heute als anachronistisch, wenn nicht gar reaktionär. Gleichzeitig ist jeder von uns bestrebt, ein Fleckchen Erde als seine Heimat zu erleben, als einen Bezugspunkt, der ihm selbst in Zeiten der persönlichen Krise ein anheimelndes Refugium bietet. Dabei muss es sich nicht unbedingt um seinen Geburtsort und den Ort handeln, an dem er seine Kindheit verbrachte. Es können andere Orte sein, die ihm ein wohltuendes Gefühl vermitteln, getreu dem alten Motto *Ubi bene, ibi patria* („Wo es mir gut geht, ist meine Heimat"). Im Übrigen ist Globalisierung nicht mit *Kosmopolitismus* zu verwechseln. Kosmopoliten hat es zu allen Zeiten unserer Geschichte gegeben, Menschen, Gelehrte, die fremde Kulturen und Sprachen studierten, ohne diese ihrer eigenen Kultur angleichen zu wollen – oder umgekehrt. Wie der Anthropologe und Ethnologe Christoph Antweiler in seinem höchst lesenswerten Buch *Mensch und Weltkultur* bemerkt:

> Die kosmopolitische Ausrichtung kann durch gleichzeitige Betonung von Vielfalt und Weltbezug verhindern, dass ein universalistisches Projekt eines der Uniformität wird, also in Gleichmacherei endet.
>
> (Antweiler 2011, S. 253)

Ein Kosmopolit also wird nicht ein und dieselbe Kultur, ein und dieselben Normen und Wertvorstellungen oder ein und dasselbe Wirtschaftssystem in jede Region der Erde importieren wollen, sondern auf die regionalen Traditionen und Bedürfnisse der Menschen Rücksicht nehmen. Er wird diese studieren, von ihnen lernen, sich vielleicht auch von ihnen distanzieren, wenn sie seinem eigenen Wertesystem zuwiderlaufen. Aber er wird nicht versuchen, ihnen einen „globalen Trend" aufzuzwingen.

In biologischer Definition sind Kosmopoliten Arten, die über die ganze Erde oder zumindest über den größten Teil unseres Planeten verbreitet sind. Ein Beispiel dafür sind verschiedene Arten von Ratten. Diese enorm anpassungsfähigen Nager sind überall anzutreffen. Ein weiteres Beispiel ist, wie schon zu Beginn des ersten Kapitels bemerkt wurde, *Homo sapiens*. Doch kann das nicht bedeuten, dass *jedes einzelne* Exemplar dieser Art sich überall gleich wohlfühlt und ohne Schaden an Leib und Seele überallhin, wie das von Ratten bekannt ist, verfrachtet werden kann. „Heimweh" ist nicht bloß Ausdruck nostalgischer Erinnerungen, sondern Manifest einer grundlegenden Störung früh empfundener Geborgenheit. Heimat ist nicht nur der – enge – geografische Raum, in dem ein Menschenkind aufgewachsen ist, sondern auch die vom Einzelnen früh erlebte Einbindung in eine Gemeinschaft, ein kleines vertrautes Band (siehe Kapitel 2). Kinder, die von ihren Eltern misshandelt oder vom Stiefvater sexuell missbraucht wurden, sehen als Erwachsene die Dinge anders, das ist klar. Aber sie sind, wie zu hoffen bleibt, die Ausnahme von der Regel (wenngleich jede einzelne Ausnahme natürlich genau eine zu viel ist). Das Heimatgefühl in einem biologischen beziehungsweise anthropologischen Sinn ist nicht mit „Heimattümelei" zu verwechseln, mit einem

„Schwärmertum", das unter bestimmten ideologischen Rahmenbedingungen verheerende Auswüchse entwickelt, wofür wir einmal mehr das Dritte Reich (welches unzählige Menschen ihrer Heimat beraubte!) als katastrophales Beispiel heranziehen können. Redewendungen wie „Da bin ich nicht zu Hause" oder „Das ist mir fremd" geben jenseits aller Ideologien zu verstehen, dass wir, auch im übertragenen Sinn, einer Orientierung bedürfen und irritiert sind, wenn wir diese nicht gewinnen können; diese Redewendungen beruhen auf wiederholten Erfahrungen unzähliger Menschen. Aber Orientierungslosigkeit stellt jedes Lebewesen vor grundsätzliche Probleme. „Tierecken" verschiedener Zeitungen geben daher Ratschläge darüber, was bei einem Ortswechsel mit Hunden oder Katzen zu berücksichtigen ist, damit sich die Vierbeiner auch am jeweils neuen Wohnort wohlfühlen. Das ist in Ordnung. Für zwangsweise irgendwohin verfrachtete Menschen existieren solche Ratschläge allerdings bislang nicht. Sie sind auf die Integrationspolitik angewiesen, die ihrer eigenen Logik folgt. Und die entwickelt – neuerdings – höchst paradoxe Züge: Propaganda für „Multikulti" einerseits, brutale Abschiebungen andererseits.

Ganz nebenbei sei hier erwähnt, dass der moderne, globale Menschenhandel in einem Ausmaß betrieben wird, der dem Sklavenhandel früherer Zeiten um nichts nachsteht, sondern ihn noch um einiges übertrifft.

Die Globalisierung, wie sie von ihren Befürwortern angepriesen wird, ist ein moderner *Imperialismus* und *Kolonialismus.* Ihr Anliegen besteht mitnichten darin,

Menschen überall ein Heimatgefühl zu vermitteln, sondern ihnen eine abstrakte „Heimat" aufzuzwingen. In jüngster Zeit ist gelegentlich der Ausdruck „Weltkultur" (*world culture, global culture*) in Gebrauch, der bedeutet,

> *wie kulturelle Diversität global organisiert wird, indem man sich zur Welt als Ganzes in Beziehung setzt, z. B. bei Olympischen Spielen oder in der weltweiten Bewegung der Nichtregierungsorganisationen (NGOs).*
>
> (Antweiler 2007, S. 21 f.)

Gewiss, Menschen haben überall auf der Welt die gleichen oder ähnliche Probleme (sie müssen ihren Lebensunterhalt bestreiten, ihre Kinder erziehen, Konflikte mit Nachbarn lösen und so weiter). Ökologische Probleme treten heute ebenso weltweit auf und sind daher auch *global* wahrzunehmen. In der „Praxis" natürlich wird jeder solche Probleme in erster Linie dort erkennen, wo er selbst lebt und ihnen unmittelbar begegnet, wo er sich wohlfühlt und sich weiterhin wohlfühlen möchte. Der Slogan „Global denken, lokal handeln" bedeutet so gesehen, dass wir die Welt als Ganzes stets im Auge behalten sollen, konkrete Schritte aber nur dort setzen können, wo wir leben und die Konsequenzen unseres Handelns unmittelbar abzuschätzen und wahrzunehmen imstande sind. Multinationale Konzerne in ihrer geradezu aggressiven Absicht, sich überall niederzulassen, ignorieren die Notwendigkeit lokaler Bedürfnisse von Menschen und haben erst recht nicht die „Welt als Ganzes" im Sinn, sondern nur die Maximierung ihrer eigenen Gewinne.

Doch Mythen überdauern nicht alle Zeiten, und es könnte ja sein, dass dem Mythos Globalisierung nur noch eine kurze Lebensdauer beschieden sein wird. Der Soziologe Ralf Dahrendorf (1929 bis 2009) bemerkte,

> *dass es keinen Weltgeist gibt, der die Geschichte ohne Rücksicht auf Verluste zu bestimmten Zielen führt, und auch keine immanente Notwendigkeit des unaufhaltsamen technischen Fortschritts. Es kann durchaus sein, dass die viel berufene Globalisierung sich als eine Episode erweist, ein vorübergehender Irrweg des Kapitalismus mit wenig dauerhaften Folgen. Es kann auch sein, dass die nach 1989 beseitigten Grenzen in neuer Weise und an anderen Orten wieder entstehen ... Die globale Klasse ... kann auch wieder in der Versenkung der Geschichte verschwinden, ohne ihre Herrschaft je etabliert zu haben.* (Dahrendorf 2002, S. 25).

Das sollten wir uns wünschen. Aber bevor es so weit ist, sollten wir über Strategien nachdenken, die dem Globalisierungsprozess in seiner noch möglichen – wenn auch nur vorübergehenden – Ausuferung Einhalt gebieten. Vor allem ist zu bedenken, dass dieser Prozess mit seiner Geschwindigkeit den Menschen seiner Natur gemäß überfordert.

Selbst die *global players*, die ununterbrochen in der Welt herumreisen und von einer zur anderen Konferenz eilen, brauchen ab und an ein Fleckchen Erde, an dem sie sich entspannt zurückziehen können.

GEGENSTRATEGIEN

Robert Carneiro vom *American Museum of Natural History* hat in den 1970er Jahren eine interessante Schätzung vorgelegt: Vor etwa dreitausend Jahren betrug die Zahl autonomer politischer Einheiten an die fünfhunderttausend Horden, Dorfgemeinschaften, Stammesgesellschaften und so weiter. Fünfhundert Jahre nach Christus dürfte die Zahl dieser Einheiten auf weniger als die Hälfte geschrumpft sein. Mit der Ausbreitung von Reichen und Staaten hat sich diese Zahl weiterhin und stetig verkleinert. Zwar sollten wir nicht übersehen, dass sich nach 1990 (nach dem Zusammenbruch Jugoslawiens und der Sowjetunion und der Spaltung der Tschechoslowakei) die Zahl der Staaten – und mithin kleinerer politischer Einheiten – in Europa wieder etwas erhöht hat, aber insgesamt ging in der Geschichte die Tendenz zu immer größeren politischen Gebilden. Und manche träumen ja heute von einer „Weltregierung", von der allerdings niemand weiß, wie sie aufgebaut werden und strukturiert sein könnte. Eine Weltregierung wird ein Traum bleiben – das ist auch sehr zu hoffen, denn welchen unserer Artgenossen wollen wir den ganzen Planeten anvertrauen?! (Schon die Regierungen einzelner Staaten werden von oft dubiosen, verantwortungslosen und korrupten Politikern repräsentiert.) Eigenbilder, Fremdbilder und die Kleingruppenmoral sind so tief im Menschen verwurzelt, dass in Zukunft eher ein Umkehrprozess denkbar wäre, ein Prozess wieder zurück zu kleineren Einheiten. Die heute so mächtige und stark expandierende

Zivilisation westlicher Prägung ist noch sehr jung, ein Experiment, das jederzeit scheitern kann. Hierzu soll auch der amerikanische Politikwissenschaftler Roger Masters zu Wort kommen:

> *Eine höchst ungewöhnliche Kombination von Umständen ist erforderlich, damit eine Säugetierart bürokratische Regierungen und Gesellschaften sehr großen Umfangs aufrechterhält. Zwar ziehen diejenigen, die in einer zivilisierten Welt leben, viele Vorteile aus den kollektiven Gütern, die der Staat bereitgestellt hat, eine evolutionäre Perspektive zeigt indes, daß solche Sozialsysteme theoretisch und praktisch verwundbar sind.*
>
> (Masters 1988, S. 282)

Als eine recht flexible Spezies konnte sich der Mensch bislang mit dieser Zivilisation arrangieren, aber nur innerhalb relativ enger Grenzen. Die Anzeichen mehren sich, dass diese Grenzen bereits überschritten sind. Demonstrationen und Protestkundgebungen (die leider nicht immer unblutig verlaufen) sowie persönlich empfundene Überbelastungen (siehe Kapitel 3, 5) gehören zu diesen Anzeichen, die nicht mehr ignoriert werden dürfen. Der Unmut der Bürger macht sich vielerorts bereits Luft. Ihren Protesten begegnet die Staatsmacht, gleichsam als handfeste Gegendemonstration, mitunter mit Gewalt. Dieses Mittel kann sich auf Dauer nicht bewähren.

Die Gegenstrategie zur Globalisierung im oben kritisierten Sinn kann nur im *Zurück zum menschlichen Maß* bestehen. Hierbei können wir einen bedeutenden

Vordenker zurate ziehen, den Nationalökonomen und Philosophen Leopold Kohr (1909 bis 1994), der mit seinen Parolen *small is beautiful* und *slow is beautiful* auf sich aufmerksam machte und damit auch schon einen erstrebenswerten Weg für die von größenwahnsinnigen Politikern und Wirtschaftsbossen gebeutelten Menschen unserer Tage präsentierte. Nur eine Organisation *menschlicher* Gesellschafts- und Wirtschaftssysteme in kleineren Einheiten mit Eigenverantwortung und Selbstverwaltung kann dem Einzelnen die ihm adäquaten Entfaltungsmöglichkeiten bieten und wird dem Steinzeitmenschen in uns gerecht. Die Menschheit rückt angeblich immer näher zusammen. Aber nur in politischen und ökonomischen Werbeslogans. Die gewaltigen Sozial- und Wirtschaftssysteme sind riesige Luftblasen, die jederzeit platzen können, gefahrvolle Experimente, die wahrscheinlich – wenn sie nicht rechtzeitig abgebrochen werden – in die Katastrophe führen werden. Wer als Kind Luftballons aufgeblasen hat, weiß, dass diese, wenn man sie zu stark aufbläst, platzen. Wohl deshalb wurde von der EU angeordnet, dass Kinder keine Luftballons mehr allein aufblasen dürfen; sie könnten ja sonst, mit nur wenig Phantasie, bald Rückschlüsse auf politische und wirtschaftliche Ballons ziehen ...

Unsere Zivilisation hat viele „kranke Riesen" produziert, von welchen die Kleinen aber fortgesetzt aufgefressen werden. Doch die Riesen werden ihre Krankheiten nicht endlos fortschleppen können, sie werden früher oder später an ihnen zugrunde gehen. Grenzenloses Wachstum widerspricht nun einmal allen Naturgesetzen. Den Riesen sollten wir also Schlankheitskuren verschreiben. Das wird keineswegs von heute auf morgen seine Wirkung tun, aber tatenlos zuzusehen wird überhaupt keine Wirkung zeitigen. Freilich können die Riesen aufgrund ihrer eigenen Schwerfälligkeit von selbst zusammenbrechen, wie manche amerikanische Banken vor ein paar Jahren. Viele Finanzinstitute hier in Europa kränkeln auch schon längst vor sich hin, werden aber vom Staat künstlich am Leben erhalten, mit Infusionen, also sogenannten Finanzspritzen aus den Taschen der Steuerzahler. Mögen sie sich doch selbst sanieren!

Globalisierung, so ist man anzunehmen geneigt, spiegelt sich heute auch in der zunehmenden Mobilität der Menschen wider (siehe oben). Sicher waren noch nie in der Geschichte so viele Menschen unterwegs wie heute. Rund dreißigtausend Passagierflugzeuge starten und landen täglich allein in Europa. Menschen wollen sich an vielen Orten, fernab ihrer Heimat, niederlassen. Oft genug werden sie dabei in die Flucht getrieben. Man sollte meinen, dass dies durchaus unserer Natur entspricht. Von den verschiedenen Auswanderungswellen des Menschen aus Afrika in prähistorischer Zeit war im ersten Kapitel bereits die Rede, davon, dass wir geborene Nomaden oder Halbnomaden sind, ebenfalls. Aber hier Vergleiche anstellen zu wollen, wäre völlig unangebracht. Unsere altsteinzeitlichen Vorfahren wanderten in kleinen Gruppen ihnen vertrauter Menschen umher und kamen nur sehr langsam voran. Die prähistorischen Auswanderer aus Afrika müssen Monate, wenn nicht Jahre unterwegs gewesen sein. Was sie veranlasste, aus ihrem Heimatkontinent in die Fremde zu gehen, bleibt vorerst im Wesentlichen nur Mutmaßungen überlassen. Wahrscheinlich werden sie gute Gründe für ihre Migration gehabt haben. Die haben heutige Migranten, Asylsuchende, in der Regel natürlich auch. Doch kennen wir heutzutage einen anderen Typus von Reisenden, der die längste Zeit völlig unbekannt war. Er wird nicht von daheim vertrieben, will auch nicht die Ferne erkunden, sondern reist einfach – für ein paar Wochen – an einen fremden Ort, um dort genau das zu erleben, was er zu Hause genauso gut erleben könnte. Dieser merkwürdige Typus ist mir vor fünfundzwanzig Jahren erstmals aufgefallen (andere Beobachter mögen ihn schon länger kennen).

Vom Österreichischen Rundfunk zu Fernsehaufnahmen nach Sizilien eingeladen, war ich in einem Luxushotel untergebracht (damals durfte der ORF sich solches noch leisten). Zu meinem Erstaunen bemerkte ich, wann immer ich das Hotel verließ und wieder dorthin zurückkehrte, stets dieselben Leute am Swimmingpool; deutsche und österreichische Touristen, die wohl ein günstiges Angebot (*all inclusive*) ihrer Reiseveranstalter wahrgenommen hatten und nun die ganze Zeit in der Hotelanlage verbrachten. Wenn sie zumindest ans nahe gelegene Meer gegangen wären und dort am Strand gelegen hätten! Ich konnte später in ein paar anderen Ländern in entsprechenden Hotelanlagen haargenau dieselbe Situation beobachten. Warum bleiben diese Leute nicht an der Alster, an der Isar oder an der Donau? Das würde ihnen genauso viel Langeweile bescheren und würde obendrein nichts kosten. Aber es verschafft ihnen wohl ein erhabenes Gefühl, daheim nach der Rückkehr erzählen zu können, wo sie waren: in Sizilien, in Tunesien, an der Schwarzmeerküste ... Und dass das Hotel ganz toll war, das Wasser im Swimmingpool sehr sauber, das Frühstück genauso üppig wie im Hamburger Mövenpick. Dumm nur die Wartezeiten an den Flughäfen und der verspätete Abflug.

Dieser Typus des Reisenden ist entbehrlich. Man verstehe mich nicht falsch. Niemandem kann man vorschreiben, statt an der Alster am Swimmingpool einer Hotelanlage am Mittelmeer oder in der Karibik herumzuliegen. Reisefreiheit ist ein Menschenrecht. Aber jeder mündige Mensch sollte sich überlegen, ob es den Zeit- und Energieaufwand einer weiten (und kostspieligen) Reise lohnt, die seinen Horizont nicht erweitert und ihm also, obwohl er in der Ferne weilt, nichts vermittelt außer der Erfahrung, dass der Kaffee genauso gut oder genauso schlecht ist wie daheim. (Aus mündigen Menschen setzt sich der Typus solcher Reisenden allerdings kaum zusammen.)

Es ist schwer vorstellbar, dass die afrikanischen Auswanderer in früheren Phasen unserer Evolution deshalb ihren Kontinent verlassen haben, weil sie anderswo genau dasselbe zu erleben hofften. Wie gesagt, warum sie „emigriert" sind, ist – derzeit jedenfalls – nicht bekannt; es bleibt vagen Vermutungen überlassen. Natürlich erwartet der Mensch auch jenseits seines ihm vertrauten Horizonts seiner eigenen Natur gemäß Ähnliches. Dabei muss er aber auf manche Überraschung gefasst sein. Der heutige norddeutsche Mittelmeertourist braucht mit keiner Überraschung

mehr zu rechnen – allenfalls gereichen ihm Flugzeug-
verspätungen und schlechte Bedienung in seinem Hotel am Zielort zum Ärgernis. Bleibt also die Frage: Warum wollte er überhaupt dorthin? Neues zu ergründen,
das lässt sich sagen, gehört zur Eigenart des Menschen.
Aber auch Bewährtes zu erleben entspricht seiner Ver-
anlagung. Irgendwo in der Mitte wird sich wohl das
ihm gerechte Ebenmaß finden.

Ich kann es mir nicht verkneifen, hier noch eine
Anekdote zu erzählen. Vor vielen Jahren war ich – wieder einmal auf Einladung des Österreichischen Rund-
funks – in *Ägypten*. Und die erste Nacht am Stadtrand
von Kairo im Hotel Mövenpick untergebracht. Beim
Abendessen auf der Hotelterrasse spielte die Band unter
anderem das Lied „Arrivederci Roma". Da wusste ich:
Ich bin in Ägypten. In den darauffolgenden Tagen war
es mir glücklicherweise vergönnt, dieses Land von einer anderen, seiner eigentlichen Seite her zu erleben ...
Dazu zählten zwar auch einige kuriose und in mancher
Hinsicht befremdliche Erfahrungen, aber die gehören
nun einmal dazu, wenn man auf „fremden Pfaden"
wandert.

Zwar sind wir Menschen alle Angehörige einer und
derselben Spezies mit gemeinsamen Vorfahren, die sich
in den Tiefen der Evolutionsgeschichte verlieren, aber
das Empfinden unseres „Mensch-Seins" zeigt unzählige
Facetten. Als Gegenstrategie zum von vielen Politikern
und Wirtschaftsmagnaten angepriesenen und angestrebten globalen Einheitsbrei sollte daher jeder einzelne Mensch sein eigenes „Mensch-Sein" artikulieren.
Johann Gottfried Herder (1744 bis 1803), der noch im

Vorfeld des Evolutionsgedankens die „Einheit des Men-
schengeschlechts" betonte, fand schöne Worte, um das
Einmalige jedes Menschen und jeder seiner Gesellschaften hervorzuheben:

> *Sind in der Natur keine zwei Blätter eines Baums ein-
> ander gleich, so sind's noch weniger zwei Menschenge-
> sichter und zwei menschliche Organisationen. Welcher
> unendlichen Verschiedenheit ist unser kunstreicher Bau
> fähig! Seine festen Teile lösen sich in so feine, vielfach
> verschlungene Fibern auf, daß sie kein Auge verfolgen
> mag. Diese werden von einem Leim gebunden, dessen
> zarte Mischung aller berechnenden Kunst entweicht …
> Findet nun schon das Auge des Zergliederers diese zahl-
> lose Verschiedenheit; welch größere muß in den un-
> sichtbaren Kräften einer so künstlichen Organisation
> wohnen! So daß jeder Mensch zuletzt eine Welt wird,
> zwar eine ähnliche Erscheinung von außen, im Innern
> aber ein eignes Wesen, mit jedem andern unausmeßbar.*
>
> (Herder 1957, S. 228 f.)

Man fühlt, was der bedeutende Dichter und Denker damit zum Ausdruck bringen wollte. Wo also steht (heute)
unsere Art? Wie steht es um sie? Nicht wirklich gut, wie
aus einigen der bisherigen Kapitel und Abschnitten dieses Buches hervorgeht. Aber ein Kapitel folgt jetzt noch,
vielleicht das wichtigste in diesem Buch. Es fasst jedenfalls mein Plädoyer für eine artgerechte Menschenhaltung zusammen.

7.

ARTGERECHTE MENSCHENHALTUNG

Wer in der Demokratie schläft,
wacht in der Diktatur auf.
Johann Wolfgang von Goethe

Längst wird – mit Recht – eine arteigene Tierhaltung angemahnt. Die armen Schweine, Rinder und Hühner, die in den modernen Tierfabriken massenweise auf engstem Raum zusammengepfercht werden, verdienen unser Mitleid, und es gilt, ihre Situation zu verbessern, ihnen, bevor sie unsere Mägen füllen, zumindest ein ihrer jeweiligen Art gemäßes Leben zu ermöglichen. Dank der Tierethik und Tierrechtsbewegung konnten schon manche Menschen für die „Anliegen" der Vierbeiner und Gefiederten sensibilisiert werden. Aber es ist höchste Zeit, dass wir uns auch auf eine *unserer* Art gemäße Haltung besinnen. Wir benötigen die Einsicht in unsere ureigenen Bedürfnisse. Worin diese Bedürfnisse

Bedürfnisse ⟵→ Link
                    Sfk

bestehen, mag in den vorangegangenen Kapiteln deutlich geworden sein. Jeder, der seine eigenen Bedürfnisse aber noch wahrnimmt, sollte sie in seinem Handeln artikulieren und sich damit an einer überfälligen unblutigen Revolution beteiligen. Denn im Interesse ihrer eigenen Anliegen sind Politik und Wirtschaft längst dabei, ihm zu diktieren, was er zu wollen, wie er sein Leben zu gestalten hat.

Im Sinne der Aufklärung schrieb Immanuel Kant (1724 bis 1804): „Habe Mut, dich deines eigenen Verstandes zu bedienen!" Wie erfolgreich dieser Wahlspruch in die Tat umgesetzt wurde, sei hier einmal dahingestellt.

Immerhin, der Aufklärung verdanken wir heute nach wie vor vieles, unter anderem den Toleranzgedanken und die Idee der Menschenrechte. Und wem der Mut zum Verstand fehlt, der könnte doch seine Gefühle bemühen. Daher: „Habe Mut, dich deiner eigenen Gefühle zu bedienen!"

Gefühle und Verstand sind aber keine Widersprüche! Wem sie als Widersprüche erscheinen, der hat den ganzen Menschen nicht begriffen. Inzwischen jedoch setzt sich auf breiter Front – auf der Basis von Ergebnissen aus verschiedenen Disziplinen – die Einsicht durch, dass kognitive Leistungen, also (rationale) Erkenntnisleistungen eng mit emotionalen Faktoren verschränkt sind; eine Verschränkung, die sich tief in unsere Naturgeschichte zurückverfolgen lässt. (Der an fachlichen Details interessierte Leser sei auf den im Literaturverzeichnis angeführten Band *Emotion – Kognition – Evolution* von Wimmer und Ciompi verwiesen.)

WAS ANDEREN TIEREN ZUSTEHT, STEHT AUCH MENSCHEN ZU

Mancher mag pikiert sein, dass hier wiederholt vom Menschen und *anderen* Tieren die Rede ist, der Mensch also als Tier behandelt wird. Aber wie bereits in Kapitel 1 betont wurde, ist der heutige Mensch, *Homo sapiens*, nur eine von unzähligen Arten, von denen jede auf ihre Weise einmalig ist und ihre spezifischen Lebensbedürfnisse hat. Statt uns gekränkt zu fühlen, dass wir auch „nur" Tiere – konkreter: Affen – sind, sollten wir uns vielmehr auf unsere ureigenen Bedürfnisse als (biologische) Art besinnen und fragen, ob unsere Zivilisation diesen Bedürfnissen noch gerecht wird. Diese Frage ist zu verneinen, was nach dem in vorangegangenen Kapiteln Gesagten nicht überraschen kann und mich überhaupt erst dazu veranlasst hat, dieses Buch zu schreiben.

Da bereits einmal (in Kapitel 3) von Schweinen die Rede war – und das aus gutem Grund –, sei im vorliegenden Zusammenhang zunächst noch etwas über diese beeindruckenden Paarhufer gesagt. Schließlich teilen sie mit uns einige physiologische Merkmale, vor allem sind sie wie wir *Allesfresser*. Wer die den meisten Hausschweinen heute von uns aufgezwungene Lebensweise mit der ihrer wild lebenden Verwandten vergleicht, wird natürlich schnell feststellen, dass sie fürwahr arme Schweine sind. Das Hausschwein ist, wie auf S. 73 gesagt wurde, keine eigene Art, sondern die domestizierte Form des Wildschweins. Von der Lebensweise des Wildschweins nicht wegzudenken ist das *Suhlen*. Wildschweine lieben Feuchtgebiete, Suhlen sind typischerweise größere Schlammlöcher oder feuchte Gewässerränder, in denen sich die Tiere zum Zwecke der Abkühlung und Körperpflege wälzen. Denn entgegen einer weit verbreiteten Meinung sind Schweine nicht dreckig. Da sie keine Schweißdrüsen besitzen, schwitzen sie nicht, sodass ihnen das Wälzen im Schlamm gegen die Hitze hilft. Aber sie suhlen sich auch im Winter und brechen dazu erforderlichenfalls Eisschichten auf, sodass dieses Verhalten noch andere Funktionen hat, etwa die der gegenseitigen Verständigung. Schweine sind nämlich auch überaus soziale Lebewesen.

Die Neigung zum Suhlen haben die Hausschweine von ihrer wild lebenden Stammform übernommen und beibehalten. Allerdings können sie diese unter den Bedingungen der modernen Massentierhaltung nicht mehr ausleben. Die heutigen Schweinefabriken bestehen aus Beton und Stahl, erlauben den Borstentieren keinen Auslauf und kommen deren Lebensbedürfnissen in keiner Weise entgegen. Statt sich auf feuchtem Erdboden zu wälzen, sind die Schweine gezwungen, auf einer dünnen, auf Stahlplatten ausgebreiteten Strohdecke zu liegen. Es sind unglückliche, bedauernswerte Kreaturen. Mit Recht wünscht man ihnen bessere Entwicklungs- und Haltungsbedingungen, die ihnen ein „schweinisches", ihrer Spezies gerecht werdendes Wohlbefinden ermöglichen. Daher auch der wiederholte Aufschrei von Tierschützern und Tierethikern, die sich für artgerechte Haltung – nicht nur von Schweinen, sondern auch allen anderen Nutztieren – einsetzen.

In den vergangenen Jahren hat es viele Bestrebungen gegeben, Haustieren, aber auch Zoo-, Zirkus- und Versuchstieren angemessene Haltungsbedingungen zu verschaffen. Der Impuls dazu ging – und geht – von der Einsicht aus, dass zumal Tiere mit einem komplexeren Nervensystem Schmerz empfinden und über Affekte und Emotionen verfügen, sich also unwohl fühlen können. Man kann sagen: Tiere haben eine Seele. Das trifft jedenfalls auf Affen, Hunde und Katzen zu, auf Schweine und Pferde, auf Elefanten und Delfine und noch eine Vielzahl anderer Kreaturen. Ein Hund beispielsweise, der angekettet wird, oder ein Fiaker-Pferd, das bei brütender Hitze stundenlang auf hartem Asphalt zu stehen gezwungen ist, um auf Fahrgäste zu warten, tun den meisten von uns daher leid. Ihrer Natur zufolge sind Hunde – wie ihre Vorfahren, die Wölfe – gewohnt, möglichst viel herumzulaufen. Ein Hund ohne Auslaufmöglichkeit (und die Möglichkeit, an verschiedenen Plätzen herumzuschnuppern) ist ebenso arm dran wie ein Pferd, das zum Herumstehen verdonnert oder in einen kleinen Schuppen eingepfercht wird. Dazu braucht hier nichts weiter gesagt zu werden. Was Tieren zusteht, wurde in den letzten Jahren in zahlreichen Schriften sowohl aus verhaltensbiologischer als auch aus (tier-)ethischer Perspektive umfassend behandelt. Und es herrscht, auch wenn die Realität vielerorts freilich noch ganz anders aussieht, weitgehend Konsens darüber, dass Tiere nicht wie Sklaven gehalten werden sollen.

Es wird allerhöchste Zeit, auch für die artgerechte Haltung von Menschen zu plädieren. Über Jahrmillionen streiften unsere altsteinzeitlichen Ahnen in Gruppen von ein paar Dutzend einander vertrauten Individuen in der Gegend umher. Sie waren vielen Gefahren ausgesetzt, gewiss, aber niemand konnte ihnen irgendetwas vorschreiben. Sie konnten – unter den jeweils obwaltenden natürlichen Bedingungen – gehen, wohin sie wollten, ruhen, wann und wie lang es ihnen angemessen erschien, sich überall niederlassen und ihren Bewegungsradius beliebig ausdehnen. Welcher Kontrast wird erkennbar, wenn man sich die alltägliche Situation eines heutigen Menschen insbesondere in städtischen Regionen vor Augen führt! Da fährt jemand – allein – mit einem Auto, hat es eilig, wird aber alle paar Minuten von Verkehrsampeln am Weiterfahren gehindert, gelegentlich von anderen Autofahrern, die ihrerseits in Eile sind, „geschnitten" und verpasst womöglich einen wichtigen „Termin". Oder er ist in einer überfüllten U-Bahn oder Straßenbahn unterwegs, mit teilnahmslos bis aggressiv dreinblickenden oder einfach nur ermüdeten und lustlosen Artgenossen, die wieder einmal Ärger mit ihrem Chef, mit einem Kunden oder mit einer Behörde hatten und denen sozusagen schon alles zum Hals heraushängt. Und dann vermeldet vielleicht noch eine verborgene, metallisch verfärbte Stimme aus einer unsichtbaren Lautsprecheranlage, dass *dieser* Zug wegen technischer Probleme nicht weiterfährt, sodass alle Reisenden gebeten werden, auszusteigen. Abermals kommt man zu spät zu einer Besprechung, einer Konferenz, einer Betriebsfeier. Und man fühlt sich dabei noch gezwungen, sich für sein – unverschuldetes! – Zuspätkommen zu entschuldigen ...

Wie ich schon in der Einleitung bemerkt habe, ist die Frage, was ein dem Menschen artgerechtes Leben sei, durchaus kompliziert. Zweifelsohne ist unsere Spezies sehr anpassungsfähig, was ihren – bisherigen – Evolutionserfolg entscheidend mitbegründet. Kraft ihrer Intelligenz kann sie neue, unerwartete Situationen im Allgemeinen besser bewältigen als andere Lebewesen. Wird ein Igel mit einer Gefahr konfrontiert, weiß er darauf nicht anders als mit dem Aufstellen seines Stachelkleides zu reagieren. In der Regel ist diese Strategie auch erfolgreich. Aber nur wenn die Gefahr von einem der in ihrer Evolution den Igeln seit alters vertrauten Raubtiere ausgeht: Füchsen, Mardern, Greifvögeln. Autos gehören nicht zu ihrem „Feindprogramm“. Vor ihnen das Stachelkleid aufzustellen nützt diesen possierlichen Tieren nichts. Die vielen von Autos überfahrenen Igel auf unseren Straßen legen ein trauriges Zeugnis davon ab. Bis die Igel endlich einmal begreifen, dass sie gegenüber Autos eine völlig andere Überlebensstrategie einzuschlagen haben, wird es sie wahrscheinlich nicht mehr geben (und Autos ebenso wenig).

Oft wird argumentiert, dass seine Fähigkeit zur *kulturellen Evolution* den Menschen nicht an eine artspezifische Umwelt bindet, sondern ihm erlaubt, sich ziemlich rasch an variierende Umwelten anzupassen. Aber Kultur steht nicht im Widerspruch zur Natur und kann vor allem, wie in Kapitel 3 ausgeführt wurde, die menschliche Natur nicht aufheben. Doch die Industriegesellschaften westlicher Prägung sind heute, seit ein paar Jahrzehnten (vgl. S. 77), nicht nur dadurch charakterisiert, dass sie alle *natürlichen* Regungen des

1984

Menschen entweder zu unterdrücken oder in eine bestimmte, von ihren „Führern" vorgegebene Richtung umzulenken versuchen. Sie zeichnen sich auch durch das Bestreben aus, das *kulturelle Gedächtnis* der Menschen auszulöschen. Unter dem Eindruck des Dritten Reiches und des stalinistischen Terrors hat George Orwell (1903 bis 1950) die dabei wirksamen Mechanismen in seinem Roman *1984* bereits eindringlich beschrieben. Im vorliegenden Zusammenhang von besonderer Bedeutung ist dabei der krampfhafte Versuch der tragischen Hauptfigur des Romans, Winston Smith, sich an die Lebensumstände *vor* der „Revolution", vor der Etablierung der „neuen Welt" zu erinnern. Smith scheitert dabei regelmäßig, weil „die Partei" (mit den unzähligen ihr ergebenen Tölpeln) permanent damit befasst ist, die Geschichte zu verfälschen, und die immer rarer werdenden Überlebenden des früheren Zeitalters kaum noch imstande sind, dieses mit der neuen Zeit zu vergleichen. Aber irgendetwas in seinem „Inneren" sagt ihm doch, dass der jetzige Zustand nicht der optimale sein könne. Er denkt voll Ingrimm über die Lebensbedingungen nach. Der ständige Protest auf der Haut und im Magen erscheinen ihm als untrügliches Zeichen dafür, dass er um etwas betrogen wurde, worauf er ein Anrecht zu haben glaubte. Man empfand alles nur deshalb so unerträglich, weil man die Erinnerung in sich trug, dass es früher anders, besser gewesen sei (anders, besser gewesen sein *muss*).

Unsere Art zeichnet sich durch ein ausgesprochen reichhaltiges kulturelles Gedächtnis aus. Die auch bei anderen Primaten schon entwickelte Fähigkeit, Fertigkeiten weiterzugeben, Traditionen zu begründen, ist beim *Homo sapiens* besonders stark ausgeprägt. Wir sind ein „geschichtsbewusstes Lebewesen", leben nicht nur mit den Erinnerungen an selbst Erlebtes, sondern rücken auch die fernere Vergangenheit beständig in unser Bewusstsein. Dafür aber bleibt in unserer schönen neuen Welt immer weniger Platz. Klar, im Geschwindigkeitsrausch blickt man lieber nicht zurück. Wie ich bereits in Kapitel 5 und schon in der Einleitung bemerkte, zeichnet sich jene Welt durch einen Verlust der historischen Kontinuität aus. Kein Stein darf auf dem anderen bleiben; Heranwachsenden wird von unseren Planern und Machern, von Organisations- und Kontrollmenschen eingebläut, dass gerade jetzt alles seine Ordnung und Richtigkeit habe und alles Frühere allenfalls noch als Zeugnis für „rückschrittliche" Zeiten von Interesse sei. *Geschichte* soll Vergangenheit bleiben, dass sie mit jedem einzelnen ihrer Fäden in die Gegenwart hereinreicht, ja, diese ganz entscheidend mitbestimmt, ist eine Einsicht, die besser auch in frühere Zeiten zurückverlagert wird, welche allerdings längst überwunden sein sollten. „Wir müssen uns an das 21. Jahrhundert anpassen" – solche oder ähnlich lautende dumme Sätze hört man heute oft von Politikern. Als ob das 21. Jahrhundert eine vorgegebene Struktur hätte, die unser Denken, Verhalten und Handeln bestimmt! Aber vielleicht wollen sich Politiker damit entlasten und ihre Verantwortung dem Jahrhundert zuschieben ... Äußerst begrüßenswert ist es daher – um auch einmal etwas Positives über die Medien zu sagen –, dass in einigen Fernsehsendern viele historische Dokumentationen gezeigt werden, auf ARTE etwa, auf 3sat oder jetzt auf ORF 3. Zu hoffen bleibt, dass sich diese Sendungen möglichst viele (vor allem junge!) Menschen auch anschauen und dadurch zu einem *Geschichtsbewusstsein* angeleitet werden. Vielleicht erkennen sie schließlich, dass sich mit den Gaukeleien der medialen Gegenwart – mit ihren aufdringlichen Werbeeinschaltungen, ihren stupiden Seifenopern, Sitcoms und dergleichen – die Welt des Menschen, die Vielfalt seiner Gesellschaften und Kulturen, alles andere als erschöpft; dass also unserer Spezies viele Potenziale innewohnen, die eine aus den Fugen geratene, aber gleichzeitig durch Nivellierung und Konformitätszwang gekennzeichnete Zivilisation unterdrückt oder als Ventile des (unserer Spezies auch innewohnenden) „Flachen" benutzt.

Wir alle sollten nicht nur zum Nachdenken, sondern auch zum Handeln bereit sein. Hier ein paar konkrete Hinweise dazu.

EINE REBELLION IST ÜBERFÄLLIG

Ich plädiere ausdrücklich nicht für eine *Revolution*, denn Revolutionen haben – wie Geschichte und Gegenwart hinreichend belegen – nicht nur selten die erwünschten Verbesserungen gebracht, sondern auch unzählige Menschen das Leben gekostet. Mein Plädoyer geht in Richtung des mündigen Bürgers, der über genügend Zivilcourage verfügt und sich nicht gängeln lässt; der das aber auch bei jeder sich bietenden Gelegenheit äußert und – wenn es sein muss – auch aufschreit und verschieden Torheiten einfach nicht mitmacht. Wir benötigen eine *direkte Demokratie*. Die wird allerdings nur dann möglich sein, wenn das Individuum sich seines Eigenwerts voll bewusst ist und darauf besteht, Einblick zu bekommen in alles, was Entscheidungsträger und Meinungsmacher an Notwendigkeiten vorgeben – sei es der Bau einer neuen Autobahnverbindung, die Erweiterung eines Flughafens, das Trockenlegen eines Gewässers, die Speicherung von Daten oder die Einführung einer Sondersteuer für Übergewichtige. Zumindest die jeweils Betroffenen sollten sich dazu ganz deutlich artikulieren. Denn die Alternative wäre Resignation. In Thomas Bernhards Stück *Heldenplatz* heißt es: „Mit dem einzelnen wird heute gemacht, was der Staat will ... Das war immer so." Man sollte hier ergänzen, dass mit dem Einzelnen auch gemacht wird, was die Wirtschaft und außerstaatliche Organisationen wollen. Zu sagen, dass das immer so gewesen sei (was ja nicht falsch ist), und sich allem zu fügen, kommt einer völligen Resignation gleich, die keinerlei Veränderung bewirken kann. Aber bleiben wir der Einfachheit halber hier einmal nur beim Staat.

Wer dereinst als mündiger Bürger auftreten will, muss früh erkennen, dass „Staat" eine abstrakte Kategorie ist und nicht irgendein ungeheuerliches fremdes Wesen, vor dem man sich zu fürchten hat (vgl. S. 119). Was als „Staat" bezeichnet wird, ist immer nur so viel oder so wenig wert, wie die, die ihn repräsentieren oder zu repräsentieren vorgeben. Es ist kein reales Gebilde, real sind bloß die Menschen, die in einem als Staat abgegrenzten Territorium leben. Allerdings ist das Charakteristische eines Staates seine *Zwangsordnung*. Einer Handlung, die „im Namen des Staates" vollzogen wird, haftet etwas Sakrales an, zu vergleichen mit der Handlung von Priestern, die den Willen vermeintlicher unsichtbarer Götter exekutieren. In der Tat sehen sich die Repräsentanten unserer Staaten gern als solche Priester, die einem „höheren Willen" folgen – welcher aber doch nur ihr eigener Wille ist, der Wille, Machtpositionen zu erhalten und zu verstärken. Wer dies einmal eingesehen hat, wird sich von den „sakralen" Handlungen der Politiker nicht beeindrucken und sich vom Staat nicht auffressen lassen. Ortega y Gasset – ich habe ihn bereits auf S. 95 zu Wort kommen lassen – meinte, dass der Staat die größte Gefahr der Zivilisation sei, seine Einmischung in alles jeden spontanen (individuellen und sozialen) Antrieb unterdrücken würde. Man wird schwer Argumente dagegen finden.

Anarchismus

Natürlich ist nicht zu übersehen, dass selbst diejenigen von uns – mögen sie Ortega y Gasset oder andere „Staatskritiker" gelesen haben oder nicht –, die nichts weiter als ihre Ruhe haben wollen, gegen niemanden böse Absichten hegen und auch vom Staat nichts verlangen, keineswegs in Ruhe gelassen, sondern fortgesetzt von irgendwelchen Behörden und Ämtern belästigt und mit ständig neuen Verordnungen und Vorschriften konfrontiert werden, über deren Sinn oft weitgehend Unklarheit herrscht (vgl. S. 155). Aber der aufgeklärte, eigenverantwortliche Mensch sucht seine Identität nicht in einem Staat, sondern findet sie in sich selbst, kraft seiner Selbsterkenntnis und Selbstbestimmung, und gesteht dem Staat nur minimale Befugnisse zu. Voraussetzung für ein neues *Selbst-Bewusstsein* wäre die Verabschiedung der alten Utopie, dass der Staat, das heißt also die Staatsträger für das Wohlergehen jedes Einzelnen sorgen können und auch sorgen wollen. Letztlich wäre dann zwar jeder Einzelne mit größerer Eigenverantwortung „bebürdet", hätte aber – was mehr zählt – das befriedigende Gefühl, nicht verwaltet zu werden. Schon der französische Philosoph Montesquieu (1689 bis 1755) meinte, dass alle Staaten das Ziel haben, sich selbst zu erhalten. Klar, weil alle Menschen, die einen Staat vertreten (oder zu vertreten vorgeben) auf ihre eigene Selbsterhaltung abzielen. Dieser aus evolutions- und soziobiologischer Perspektive triviale Umstand wirft aber die Frage auf, warum denn wir alle, Bürger, dieses Ziel einiger weniger auf Kosten unserer eigenen Entfaltungsmöglichkeiten unterstützen sollen. Haben wir nicht das Recht, unser eigenes Leben zu leben? Wollen wir uns denn nicht selbst erhalten? Natürlich. Hüten wir uns also vor all jenen Finsterlingen, die angeblich unser aller Glück wollen – sie haben naturgemäß nur ihr eigenes Glück im Sinn. Mögen sie alle glücklich werden, aber nicht auf unsere Kosten!

Was hier für Staaten gesagt wurde, gilt selbstredend auch für alle anderen (nichtstaatlichen) Organisationen, vor allem in der Wirtschaft, deren Vertreter uns alle glücklich und gesund wissen wollen, wobei es ihnen wiederum nur um ihr eigenes Glück geht. Worum denn auch sonst?! Was also sollen wir konkret tun? Die Welt zu verändern haben schon manche versucht, mit katastrophalen Ergebnissen. Nein, es geht fürwahr nicht um einen Umsturz im buchstäblichen Sinn des Wortes. Es geht um die Veränderung von Zuständen, über die sich die meisten von uns ärgern, um Veränderungen im kleinen Maßstab, die, alle zusammengenommen, in der Konsequenz gar viel bewirken können – zum Wohl des Einzelnen und zum Wohl der Gemeinschaft.

... WOBEI JEDE KLEINE, STILLE REVOLTE HELFEN KANN

Gleich ein kleines, aber, wie ich meine, durchaus eindringliches Beispiel. Die meisten von uns ärgern sich beim Fernsehen über die häufigen Unterbrechungen von Spielfilmen durch Werbeeinschaltungen. Seriöse Sender, die noch einen Bildungsauftrag erfüllen, lassen diese Unsitte nicht zu, aber alle anderen (sie sind in der Mehrzahl) schon. Doch ab und an will man sich einen spannenden Krimi anschauen, egal, von welchem Sender er ausgestrahlt wird. Und dann muss man mitten im Film Werbung ertragen, die mit dem Film selbst natürlich nichts zu tun hat; da möchten uns die Hersteller irgendwelcher Produkte ihren Willen aufzwingen, uns einbläuen, eben diese Produkte zu kaufen. Umberto Eco wusste dagegen schon vor über zwanzig Jahren guten Rat:

> *Fangt alle an, die Fabrikate aufzulisten, die euch am besten im Gedächtnis haften. Es sind diejenigen, die euch am meisten gestört haben, als ihr gerade sehen wolltet, wie der Held seine Heldin küßt oder wie der mysteriöse*

Würger sein letztes Verbrechen begeht. Prägt euch die Fa-
brikate gut ein und kauft sie nicht. Erinnert ihr euch aus
mysteriösen Gründen, daß Brigg's Whisky ein „blend"
aus feinsten uralten Scotch-Sorten ist? Es ist das Zeichen,
daß Brigg's euch genau in dem Augenblick gestört hat,
als die Siebente Kavallerieschwadron eintraf, um Fort
Apache zu befreien. Kauft euch einen anderen Whisky,
einer taugt soviel wie der andere. Machen wir's alle so.

(Eco 1990, S. 13 f.)

Ich mache das längst so und gehe noch einen Schritt
weiter: Die Werbeeinschaltungen, die einen Film un-
terbrechen, schaue ich mir erst gar nicht an, sondern
mache ein kurzes Schläfchen, telefoniere mit einem
Freund oder schlage im Atlas die Koordinaten einer
Stadt nach, die mir nur dem Namen nach bekannt ist,
um so meinen Horizont zu erweitern. (Werbepausen
während eines Films können so gesehen sogar ihr Gutes haben, vorausgesetzt, man versteht es, sie kreativ
zu nutzen.)

Es gibt viele andere Beispiele für eine stille Revolution. So ärgern sich die meisten von uns über die
ständigen Preissteigerungen bei Lebensmitteln. Man
versucht uns zu beschwichtigen. Etwa durch Sonder-
angebote. Und man erklärt uns, dass sich die Preise ja
eigentlich nicht erhöht, sondern aufgrund der Infla-
tionsrate nur „angepasst" hätten. Mag sein. Wenn ich
aber, wie vor Kurzem, in einer bescheidenen Stehim-
bissbude im Bahnhof von Stuttgart für eine Bockwurst,
ein Brötchen und eine kleine Flasche Mineralwasser
fünf Euro zu bezahlen habe, dann kann etwas in der

Relation nicht stimmen. Zehn Deutsche Mark für eine Bockwurst mit Brötchen und Wasser – nein, das wäre früher entschieden zu viel gewesen. (In der alten österreichischen Währung, dem Schilling, bekam man in den 1990er Jahren in einem gut geführten Landgasthof etwa in Niederösterreich dafür ein großes Wiener Schnitzel und ein Krügel Bier, und man saß obendrein in einem angenehmen Ambiente und wurde freundlich bedient, während man eine Zeitung durchblättern konnte.) Wir brauchen „die neue Entwicklung" aber nicht mitzumachen. Erkundigen wir uns doch nach dem Preis der Bockwurst an jeder entsprechenden Bude, bevor wir die Wurst bestellen, und gehen wir einfach weg, wenn uns das Preis-Leistungs-Verhältnis nicht angemessen erscheint. Täten das alle so, dann müssten die Betreiber von Wurstbuden nachzudenken beginnen und sich bessere Angebote überlegen. Dasselbe gilt auch – und vor allem – für Supermärkte. Wenn uns deren Preisangebot nicht passt, dann kaufen wir alle halt einen Tag lang nichts ein. Das könnte gehen. Die meisten von uns verfügen im Kühlschrank ohnehin über einige Nahrungsmittelreserven und falls nicht, dann würden wir ja einen Tag ohne Essen schon noch aushalten. (Unsere steinzeitlichen Vorfahren, aber auch noch die Kriegsgenerationen im 20. Jahrhundert, mussten oft tagelang auf Nahrungszufuhr verzichten und haben dennoch überlebt.) Wenn also *jeder* von uns aus Protest gegen die steigenden Preise einen Tag lang nichts einkaufen würde, wäre das für uns keine Frage des Überlebens. Für die Betreiber von Supermärkten allerdings schon. Also, worauf warten wir, machen wir es doch!

Ein weiteres Beispiel ist der derzeit ständig steigende Benzinpreis, über den sich Autofahrer verständlicherweise ärgern. Ich selbst bin kein Autofahrer, also können mir die Treibstoffpreise gleichgültig sein. Aber allen, die davon betroffen sind, gebe ich den Rat, einfach einen oder zwei Tage lang das Auto zu Hause zu lassen und eben nicht zu tanken. Das würde den Preistreibern auffallen und sie müssten zu überlegen beginnen. Abgesehen zum Beispiel von Notärzten oder Leuten, denen für einen langen Weg zum Arbeitsplatz keine öffentlichen Verkehrsmittel zur Verfügung stehen, braucht ja niemand mit dem Auto herumzufahren. Vor allem kürzere Strecken lassen sich doch zu Fuß bewältigen. Sich auf den eigenen Beinen fortzubewegen vermittelt ein Gefühl der Unabhängigkeit und wird dem Steinzeitmenschen in uns gerecht. Außerdem ist es umweltschonend.

Ein Boykott gegen Erzeuger von Produkten, die uns mit ihren Werbungen nerven, gegen Lebensmittel- oder Benzinpreise und gegen vieles andere mehr, das uns gegen den Strich geht, kann freilich nur dann wirklich wirksam sein, wenn *alle* Betroffenen daran teilnehmen. Das ist nicht einfach. Das Problem liegt in einem Phänomen, welches ich als den „Schulklasseneffekt" bezeichne. Dazu wieder eine kleine Anekdote. Am Gymnasium hatte ich einen sehr strengen Mathematiklehrer. Einmal verabredete sich meine Klasse, die nächste Schularbeit nicht mitzumachen (was ein schönes Beispiel für einen stillen Protest gewesen wäre). Wir alle, etwa zwanzig Schüler und Schülerinnen, waren uns einig. Dann betrat der ein wenig gefürchtete

Mann mit den Schularbeitsheften das Klassenzimmer, teilte die Hefte aus und schrieb die Aufgaben an die Tafel. In den ersten zwei oder drei Minuten schrieb tatsächlich keiner von uns etwas. Dann verließ den ersten sein Mut und er fing an, die Aufgaben zu lösen. Sein Sitznachbar tat es ihm gleich. Bald schon waren fast alle eifrig bei der Sache, unser Protest war vergessen. Die zwei oder drei Schüler, die „durchhielten", waren am Ende die Dummen. Sie bekamen natürlich die schlechteste Zensur. Bis heute frage ich mich, warum es damals nicht gelungen war, in einem kleinen Kreis – einer Sympathiegruppe gewissermaßen – das fest beschlossene „Protestabkommen" einzuhalten. Es werden letztlich der Respekt vor der Autorität des Lehrers und die Angst vor den Eltern gewesen sein, die, wenn sie von der Aktion erfahren hätten, nicht amüsiert gewesen wären. Vielleicht war es auch das mangelnde Vertrauen in die Mitschüler. Einer hätte ja vielleicht mehr oder weniger heimlich die Schularbeit mitschreiben können und hätte sich dann beim Lehrer ein gewaltiges Plus verschafft.

Wenn sich aber Menschen bei allerlei noch so dubiosen politischen und sonstigen Projekten, wie von einer unsichtbaren Hand getrieben, spontan zu Massen zusammenschließen und „mitlaufen", wenn sie in Massen johlend durch die Straßen ziehen, weil „ihr" Fußballklub gewonnen (oder verloren) hat, wenn sich unzählige Menschen im kollektiven hysterischen Geschrei anlässlich eines Liederabends ihres Musikidols verlieren – ja warum, in des Teufels Namen, soll dann ein kollektiver stiller Protest gegen von jedem Einzelnen empfundene

Missstände nicht ebenso möglich sein?! Natürlich hat jeder Mensch seine eigenen Sorgen. Aber er darf erkennen, dass viele andere Menschen von denselben Sorgen geplagt sind. Er braucht – und kann – sie nicht alle in seiner kleinen Sympathiegruppe aufnehmen. Aber er kann mit ihnen eine vorübergehende *Zweckgemeinschaft* bilden, die letztlich jedem Einzelnen dient.

Bilden wir also Zweckgemeinschaften, wo auch immer es darum geht, all jenen staatlichen und überstaatlichen Institutionen sowie (privaten) Wirtschaftsbetrieben, die uns mächtig ärgern, weil sie uns nur Geld aus der Tasche ziehen, ohne Adäquates dafür zu leisten, und uns nur bevormunden – bieten wir ihnen also still unsere Stirn. Lassen wir sie auf diese Weise wissen, dass *jeder Einzelne von uns* seine eigenen Lebens- und Überlebensinteressen verfolgt und dabei ihrer Zwangsbeglückung nicht bedarf und schon ihre bloße Existenz in Frage stellt. Die vielen Dummköpfe in der Wirtschaft, die offenbar nicht einmal die Grundrechnungsarten beherrschen, sich jedoch anmaßen, mit Milliardenbeträgen zu jonglieren, und ganze Volkswirtschaften ins Verderben stürzen, während sie sich selbst dabei noch unermesslich bereichern – lassen wir sie wissen, dass wir sie nicht brauchen, dass wir vor allem nicht bereit sind, uns an den von ihnen verursachten Kosten auch nur im Geringsten zu beteiligen. Soll sich doch der Generaldirektor der Bank XY, die er in den Ruin geführt hat, nächstens um den Posten eines Kellners in einer griechischen oder italienischen Taverne bewerben müssen. Und sollen doch Politiker, die neuerdings so gern den Sparstift ansetzen, auf einen Teil ihrer Gehälter verzichten, und falls sie mit dem ihnen dann verbleibenden Rest nicht ihr Auskommen finden, sich vom Arbeitsmarktservice für Teilzeitbeschäftigungen oder Saisonarbeiten vermitteln lassen. (Es wird ihnen persönlich vielleicht sogar guttun, weil sie unter solchen Umständen „wirkliches" Leben kennen lernen würden.) Rupert Riedl schreibt (resignierend):

> *Die Hierarchie in den Unternehmungen sowie die ihrer wirtschaftlichen Zusammenhänge hat über Massenproduktion und Gewinnmaximierung dazu geführt, dass die Abhängigen weiterhin und bei Weitem überwiegen. Es ist unserer Zivilisation kein System gelungen, das jeden Wert frei schöpfen lässt. Natürlich wäre ein Vorschlag dazu Utopie, aber ebenso natürlich entspricht unser System nicht menschengemäßer Ausstattung und menschlichem Bedürfnis.* (Riedl 2004, S. 175)

Wenn das so ist – gewiss, es ist so –, dann sollten sich zumindest diejenigen von uns, die „Unbehagen an der Kultur" empfinden auch lautstark artikulieren. Nun, ich tue es hiermit. Im Übrigen denke ich, dass auch die „Abhängigen" nicht völlig verloren sind. Sie können sich, im Kollektiv, jederzeit erheben und jenen Leuten, von denen sie abhängig zu sein glauben und die sie in die Abhängigkeit treiben, in stillen Protesten zu verstehen geben, dass eben ihre „Herren" ohne sie nichts sind.

Natürlich ist nicht zu übersehen, dass Menschen vielerorts ohnehin gegen manches lautstark protestieren und auf die Straße gehen. Die Primitivreaktion der Repräsentanten des Staates besteht aber nicht selten in der gewaltsamen Auflösung einer Kundgebung. Das spiegelt eine Schwäche jedes demokratischen Systems wider. Die „Staatsträger" demonstrieren damit nur ihre eigene Hilflosigkeit. Wogegen heute immer häufiger protestiert wird, ist die Zerstörungs- und Bauwut. Wie schon in der Einleitung gesagt wurde: Kein Stein soll auf dem anderen bleiben. Das muss unser aller Unmut erregen. Es gilt, „Sanierern" und Investoren und den mit ihnen verbündeten Politikern klarzumachen, dass wir bestimmte, uns angenehme Plätze nicht zubetonieren lassen wollen; dass wir auf „Modernisierung" auf Kosten eines positiven Lebensgefühls verzichten möchten. Aber hier empfiehlt es sich, etwas weiter auszuholen.

Wie bereits auf S. 179 bemerkt wurde, kann sich ein Mensch nicht an jedem beliebigen Ort, in jeder beliebigen Umgebung gleich wohlfühlen. Im Städtebau wurde – und wird – dieser Umstand sträflich vernachlässigt. Dabei befolgte man die Ideologie des Behaviorismus, die von der unbegrenzten Formbarkeit und Anpassungsfähigkeit des Menschen ausgeht (vgl. S. 108).

Beim Wohnungs- und Städtebau der Nachkriegszeit gingen die Architekten davon aus, daß der Mensch sich wohl an die von ihnen konstruierte Umwelt anpassen würde – gemäß dem Dogma der Milieutheorie. Sie bauten autogerecht und vergaßen den Menschen. Daß Straßen und Plätze auch der sozialen Kommunikation dienen, übersahen sie ebenso wie die Tatsache, daß Kinder im Freien spielen wollen ... Ihre Bewohner fühlten sich in den Wohnungen von anderen isoliert ... Sie hatten

> *zwar Privatheit, vermißten aber das Eingebettetsein in eine kleinere Gemeinde. Auch vermißten sie Naturnähe, und diese ist offenbar kein eingebildeter Wert oder eine Spinnerei romantischer Seelen. Es handelt sich um ein Grundbedürfnis des Menschen, resultierend aus seiner stammesgeschichtlichen Prägung auf Umweltmerkmale, die den für uns optimalen Lebensraum anzeigen.*
>
> (Eibl-Eibesfeldt 1995, S. 95 f.)

Besonders abschreckende Beispiele für städtebauliche Fehlkonstruktionen sind die sozialistischen Plattenbauten. Doch auch überall dort, wo der Sozialismus nicht zur offiziellen Staatsdoktrin erhoben wurde, wusste man Menschen in Betonkäfige einzupferchen. Nach dem Zweiten Weltkrieg errichtete Wohnsiedlungen gleichen aus der Vogelperspektive fast überall solchen Käfigen, deren Erbauer zwar Prinzipien der Ökonomie, nicht aber Bedürfnisse „menschlicher" Bewohner berücksichtigt hatten. Und heutzutage herrscht in allen Himmelsrichtungen die Tendenz, Menschen ihrer Freiräume zu berauben. Jeder noch unbebaute Platz, jede noch freie Fläche muss irgendeinem „Nutzen" zugeführt werden. In Österreich werden derzeit im Durchschnitt täglich etwa fünfzehn Hektar Fläche zubetoniert und der Industrie, dem Verkehr und dem Wohnraum geopfert. Der damit geschaffene Wohnraum – Wohnbaracken und enge Reihenhäuser – orientiert sich allerdings kaum am menschlichen Wohlbefinden. Und dass Industrie und Verkehr diesem Wohlbefinden sowieso abträglich sind, sollte einleuchten. Aber solang ausschließlich ökonomische Gesichtspunkte unsere „Lebensräume" bestimmen, werden sich die Dinge – wenn wir tatenlos zusehen – nicht zum Besseren wenden.

Der Städtebau in den Vereinigten Staaten von Amerika, der aufgrund der relativ jungen Besiedlungs-geschichte des Landes eine andere Geschichte als der Städtebau in Europa hat, kann uns in vieler Hinsicht als abschreckendes Beispiel dienen. Für den Amerikaner ist das Auto unverzichtbar, entsprechend sind auch die meisten Großstädte (Ausnahmen mögen die Regel bestä-tigen) dem Autoverkehr untergeordnet. (Aber auch der Umkehrschluss ist möglich: Erst der eigene Vormarsch machte das Auto unentbehrlich.) Daher gleicht etwa Los Angeles „mehr einem Verschiebebahnhof als einer menschlichen Siedlung" (Hoffmann 1972, S. 316). (Zu Los Angeles siehe auch das auf S. 90 erwähnte Buch von Diamond.) Aber selbst in vielen kleineren Städten und ihrer Umgebung fühlt man sich als Fußgänger ziemlich deplatziert, wenn nicht unerwünscht – flanieren, ein Café finden und dort vor dem nächsten Spaziergang bei einem Espresso gemütlich eine Zeitung lesen ist ohne-dies nicht möglich. Der Leser wird bei Aufenthalten im „Land der unbegrenzten Möglichkeiten" seine eigenen diesbezüglichen Erfahrungen gesammelt haben, wenn er etwa Städte wie Albany (New York), Bethlehem (Penn-sylvania), Baton Rouge (Louisiana) oder Irvine (Kalifor-nien) besucht hat. Der Trend, jeden auch noch so kurzen Weg statt zu Fuß mit dem Auto zurückzulegen, hat in den Großstädten irgendwann in den 1970er und 1980er Jahren auch (Mittel-)Europa ergriffen. Fußgängerzonen sind ein noch relativ neuer Gegentrend.

Es ist paradox: Wir Menschen sind die geborenen Läufer und lassen uns vom Automobil verdrängen; allerorten hört und liest man, wie wichtig es sei, sich viel (zu Fuß!) zu bewegen, aber gleichzeitig nimmt die Zahl der Autos überall zu. (Fußgänger müssen sich an vielen Orten wie Freiwild vorkommen). Hier ist an das bereits in Kapitel 3 Gesagte anzuschließen. Es wäre freilich verfehlt, die „Schuld" an der beschriebenen Entwicklung nur der Automobilindustrie und den ihr ergebenen Politikern zuzuschreiben. Jeder Einzelne müsste erkennen, dass da etwas schief, wider seine Natur als Spezies gelaufen ist („gelaufen" hier im doppelbödigen Sinn des Wortes). Wir wollen Ruhe, wir wollen Erholungsgebiete, wir wollen Stress vermeiden – tun wir es doch einfach, schlendern wir, wann immer sich uns die Zeit und Möglichkeit dazu bietet, einfach herum. Aber zurück zur heutigen Bauwut.

Altes muss Neuem weichen – und das um jeden Preis (im zweifachen Sinn des Wortes). Ein Beispiel sind nicht zuletzt Bahnhöfe, etwa in Deutschland und in Österreich. Der neue Münchener Hauptbahnhof und der neue Wiener Westbahnhof fallen gegenüber ihren Vorgängern in puncto Ästhetik und Einladung zum Wohlbefinden weit zurück. Und bei der Errichtung des Berliner Zentralbahnhofs scheinen die Planer das Phänomen Zugluft nicht gekannt und gedacht zu haben, dass in Berlin ganzjährig karibische Temperaturen herrschen.

Ein Phänomen, das in vielen Städten zu beobachten ist, ist die Errichtung von Einkaufszentren, Wohn- und Vergnügungsvierteln, Bürogebäuden und so weiter

an der Peripherie. Diese neuen Stadtviertel sind im Allgemeinen nicht sehr fußgängerfreundlich, sie sind aus
dem Boden gestampfte Ghettos, denen der Erholung
dienende Landschaften zum Opfer fallen und die nichts
und niemandem anderen Nutzen bringen als ihren Be-
treibern und Investoren. Mag sein, dass sie manchem
ein Gefühl von Urbanität vermitteln, was auch immer
das sein soll. Und sie schaffen Arbeitsplätze. Doch nur
auf Kosten anderer Arbeitsplätze. Denn im selben Maße
schrumpfen die Arbeitsmöglichkeiten im Bereich der
Stadtkerne, schließen viele kleine Läden in den Stadt-
innenbezirken, die mithin ihrer ureigenen wirtschaftlichen und soziokulturellen Substanz beraubt werden.
So wurde ein Prozess in Gang gesetzt, der auf seine eigene Weise die Irrwege der Zivilisation widerspiegelt. Die
Anreise zum Arbeitsplatz oder zum Einkaufen wird immer länger, das Verkehrsaufkommen immer größer, die
Freizeit um die Länge des Hin- und Rückwegs verkürzt.
Eine völlig irrationale Angelegenheit. Gleichzeitig werden jene Stadtbezirke entvölkert, die historisch gewach-
sen sind und gegen deren Ästhetik die Betonburgen an
den Stadträndern eine geradezu gefährlich wirkende
Hässlichkeit ausstrahlen.

Derselbe Prozess ist aber nicht nur in Großstädten, sondern auch in Dörfern zu beobachten. Bloß sind
die Distanzen vom Ortskern zur Peripherie dabei natürlich kürzer. Aber am Effekt ändert das nichts. Über
Jahrhunderte gewachsene Dorfstrukturen werden zerstört, was einst ein Dorf ausmachte, verblasst zu einem
müden Schatten. Der Beispiele in unseren Breitengraden sind dabei so viele, dass man pauschal formulieren

kann. Aus den Dorfzentren sind die Tante-Emma-Läden (österreichisch: Greißlereien), die kleinen Obst- und Gemüsegeschäfte, die Bäckereien und die Gasthäuser verschwunden. Stattdessen haben sich an Dorfrändern, oft aber irgendwo im Niemandsland, in der Nähe einer Autobahnabfahrt zwischen zwei Dörfern, Supermärkte angesiedelt, deren Betreiber selbstverständlich voraussetzen, dass jeder mit dem Auto zum Einkaufen fährt. Ältere und alte Dorfbewohner, die über kein Auto verfügen oder, aus verständlichen Gründen, nicht mehr damit fahren können, sind damit vom Einkauf ausgeschlossen. Die Dorfplaner mögen denken, dass die Alten als Konsumenten ohnehin entbehrlich seien. Die ostösterreichische Region, aus der ich stamme und in der ich aufgewachsen bin, ist heute für mich nicht mehr wiederzuerkennen. Die vielen Veränderungen in diesem Raum – nicht zuletzt der Bau und Ausbau von Autobahnen – haben ihr längst ihren ursprünglichen Reiz genommen. Das Dorf, in dem ich zur Welt kam und viele Jahre gelebt habe, hatte bis in die 1980er Jahre hinein noch etwas über zweitausend Einwohner. Heute sind es rund viertausendfünfhundert. Dennoch wirkt es entvölkert. Auf dem etwa fünfzehn Minuten dauernden Fußweg vom Bahnhof zum Dorfhauptplatz begegne ich in der Regel so gut wie keinem Menschen. (Nur mit dem Auto braust der eine oder andere an mir vorbei.) Die für eine österreichische Dorfgemeinde heutzutage bemerkenswerte Bevölkerungsvermehrung erklärt sich aus dem Umstand, dass an der Peripherie ein riesiges Einkaufszentrum errichtet und ein in den Himmel ragendes Hotel gebaut wurde (es passt in die Landschaft wie die sprichwörtliche Faust aufs Auge), flankiert von Wohnblöcken und Reihenhäusern. Was den ursprünglichen Reiz des Dorfes aber ausmachte – Bauernhöfe, kleine Läden, alte Gasthäuser, Dorfwiesen mit Tümpeln – ist verschwunden. (Sogar die Schlecker-Filiale im Ortskern, falls man die als reizvoll empfinden wollte, schloss ihre Pforten schon lange, bevor die Firma von finanziellen Turbulenzen erfasst wurde. Immerhin wurde im selben Gebäude jetzt, was positiv vermerkt werden muss, eine Gemeindebücherei eingerichtet.)

Erfreulicherweise gibt es aber da und dort Bestrebungen zur Wiederbelebung von Ortskernen. In dem Zusammenhang könnte aber noch mehr geschehen. Insbesondere ist an Projekte der Selbst- und Regionalvermarktung zu denken, bei denen Hersteller und Anbieter in einer Person agieren. Leute, die Obst und Gemüse anpflanzen und Nutztiere halten, sollten ihre Produkte auch an Ort und Stelle in eigenen Dorfläden verkaufen. Den Dorfläden anschließen können sich Gasthäuser und andere kleine Geschäfte. Das war ja noch vor wenigen Jahrzehnten in unseren Breitengraden die übliche Situation in jedem Dorf. Wir brauchen nicht zu versuchen, das Rad der Zeit zurückzudrehen, weil das bekanntlich nicht funktioniert, sollten aber bestrebt sein, bestimmte Strukturen wiederzugewinnen oder wiederherzustellen, die positive soziale Funktionen erfüllten. Das hat nichts mit Nostalgie zu tun. Es geht hier wieder um einen Wohlgefühlfaktor, der dem Kleingruppenwesen Mensch gerecht wird. Dorfläden und Dorfgasthäuser waren stets nicht nur Orte des Konsums, sondern auch (vielleicht sogar in erster

Linie) der Kommunikation. Gewaltige Einkaufszentren mit ihren Imbissbuden – die den Konsumenten zwischendurch schnell mit Essbarem versorgen (*Pizza to go*, vgl. S. 131) – mögen auf manchen einen bestimmten Reiz ausüben. Aber den individuellen Charakter kleinerer Läden und den klassischen Stammtisch können sie nicht ersetzen.

Als Kleingruppenwesen sind wir Menschen bestrebt, uns ein kleines vertrautes Band aufzubauen. Selbst in Großstädten, in Millionenstädten und Megastädten neigen wir daher dazu, uns irgendwo mit Gleichgesinnten zu treffen, einen kleinen Flecken inmitten des Molochs zu finden, den wir als angenehm wahrnehmen. Die heutigen Megastädte bieten dazu allerdings immer weniger Möglichkeiten. Sie sind in unzählige Bezirke und Stadtregionen zersplittert, und die Distanzen, um von A nach B zu kommen, wo vielleicht ein alter Schulfreund lebt, sind enorm. Wien, keine Megastadt natürlich – nach manchen Maßstäben gemessen eher eine Kleinstadt –, kennt innerhalb seiner politischen Bezirke noch sogenannte Grätzel: ein paar Straßen oder Gassen, deren Bewohner einander, wenn schon nicht persönlich, so doch zumindest vom Sehen her kennen. Solche „Grätzel" – man mag sie bezeichnen, wie man will – gibt es natürlich auch in Berlin, in Rom oder sogar in New York. Jeder ihrer Bewohner sollte seinen Beitrag dazu leisten, dass sie erhalten bleiben; indem er zum Beispiel abends die alte Kneipe um die Ecke aufsucht, statt ein „Szene-Lokal" am Stadtrand, und sich mit Schreibutensilien im lokalen Papierwarenladen statt in einer Großhandelskette versorgt.

HABE MUT, DICH DEINER GEFÜHLE ZU BEDIENEN!

Wie schon zu Beginn dieses Kapitels gesagt wurde, gab Kant im Sinne der Aufklärung den Wahlspruch aus „Habe Mut, dich deines eigenen Verstandes zu bedienen!". Diese Aufforderung hat nach wie vor ihre uneingeschränkte Bedeutung. Wir dürfen uns nicht von den Institutionen für dumm verkaufen, dürfen uns nichts vorgaukeln lassen. Bedenken wir, dass die ganze Politik und Wirtschaft von viel *Irrationalität* geprägt und keineswegs so vernünftig konzipiert ist, wie ihre Repräsentanten vorgeben. Was an vermeintlich objektiv gegebenen Sach- und Zugzwänge vorgeschoben wird, ist meistens eine Konstruktion, die lediglich dazu dient, den Bürgern Zwänge aufzuerlegen. Wobei sich die „Verantwortlichen" sogar – und das ist ja der absolute Gipfel – gelegentlich öffentlich auf ihre Dummheit berufen:

Absichtlich falsches politisches Handeln kann im Nachhinein als lediglich dumm deklariert und damit pseudoentschuldigt werden. (Reutterer 2005, S. 127)

Beispiele dafür findet man, wenn man will, in der heutigen politischen Landschaft eigentlich zuhauf.

Es ist ermutigend, dass die Gefahren einer überregulierten Gesellschaft vielerorts bereits erkannt werden, dass manche Denker auch deutlich darauf hinweisen und im Gegenzug Individualität und individuelle Freiheit verteidigen. Der Philosoph Bernulf

Kanitscheider kann dabei sogar auf eine alte – beinahe schon in Vergessenheit geratene – antike Tradition zurückgreifen, nämlich die der Kyrenaiker. Das waren die Anhänger des griechischen Philosophen Aristippos von Kyrene (435 bis 355 v. Chr.):

> *Inhaltlich wird dabei eine Minimierung der gesellschaftlichen Zwangskräfte und eine Maximierung des eigenen Handlungsspielraums verteidigt, weil nur diese die individuelle Lebensqualität und die Zufriedenheit bei der Realisierung eines gelungenen Lebens gestatten. Kein Glaubensgehorsam, keine kritikfreien gedanklichen Räume, nicht die Unterwerfung unter Ideologien, nicht die Fremdbestimmung durch historische Wertesysteme, sondern die autarke, selbstverantwortete, eigenbestimmte Lebensführung charakterisieren den kyrenaischen Weg.* (Kanitscheider 2011, S. 296 f.)

Diesen Weg zu gehen sollte sich im Interesse des Wohlbefindens des Einzelnen lohnen.

Es ist eine empirische Tatsache, dass der Mensch in seinem Leben Lust zu gewinnen und Unlust zu vermeiden sucht. Wir alle geraten immer wieder in Situationen, die uns wenig Lust bereiten, haben Aufgaben zu bewältigen, die uns keine Freude machen. Das lässt sich natürlich nicht ganz vermeiden, weil das Leben nun einmal keine ununterbrochene Kette von Annehmlichkeiten darstellt. Wenn aber die Unlust über die Lust zu dominieren beginnt, unser Alltag fortgesetzt von Unlustgefühlen begleitet wird, dann sollten die Alarmglocken läuten. Zu allen Zeiten versuchten

Menschen, die Mühen und Plagen ihres Lebens mit angenehmen Erlebnissen zu kompensieren. Bei allen Völkern und Kulturen, aus allen überlieferten Epochen unserer Geschichte kennen wir Feste und Feiern, die soziale Bande stiften und helfen sollen, die Sorgen des Alltags zu vergessen. Heutzutage aber verkommt so manches Fest zu einem lästigen Termin, entspannt nicht, sondern setzt nur die Hektik des Alltags fort (vgl. S. 149). Auf solche Feste kann – und soll – man natürlich verzichten.

Viele Menschen haben verlernt, mit sich selbst etwas anzufangen. Wer viel spazieren geht, sich oft in seine eigenen Gedanken verliert, ist ein wenig verdächtig. In George Orwells Roman *1984* wird ein solches Verhalten als „Selbstleben" bezeichnet und gleichgesetzt mit Individualismus und Schrulligkeit. Es ist nicht ausdrücklich verboten, aber auffällig. Denn von einem Parteimitglied wird erwartet, dass es außerhalb seiner Arbeits-, Essens- und Schlafzeiten an einer Parteiunterhaltung teilnimmt. In der Situation solcher „Parteimitglieder" befinden sich heute unzählige Menschen. Doch wie die Hauptfigur bei Orwell spürt, dass etwas faul ist in der Welt (vgl. S. 198), so verspüren auch heute alle getriebenen Menschen Unbehagen, fühlen sich ausgenutzt und ausgebrannt (siehe Kapitel 5), gehetzt und gestresst, erkennen in ihrem Tun und Treiben keinen rechten Sinn. Menschen sind keine Maschinen – andere Lebewesen sind das ebenso wenig –, sie sind auch nicht durch und durch rationale Wesen, sondern verfügen über ein ganzes Bündel von Emotionen, „vorrationalen Lehrmeistern", die sie durch das Leben manövrieren und beständig Signale aussenden. So wie ein Mensch Hunger- oder Durstgefühle verspürt, verspürt er auch negative Gefühle bei Überforderung, bei ungerechter Behandlung, bei sozialen Spannungen und so weiter.

Diese Gefühle gilt es nicht zu unterdrücken. Auf sie ist zu hören, bevor sie zu tief in die Seele einschneiden – und sich dann obendrein noch in körperlichen Leiden manifestieren, was ja bei vielen Menschen schon längst der Fall ist, die nun endlose Therapien über sich ergehen lassen, meistens ohne einen greifbaren Erfolg verbuchen zu dürfen. Was uns nicht umbringt, macht uns stark, sagt der Volksmund. Da ist schon etwas dran. Aber die Grenze zwischen dem gerade noch Erträglichen und dem Unerträglichen ist im Vorhinein schwer auszuloten.

Die Befunde sind ziemlich klar. Wir werden von unserer Zivilisation, die wir uns selbst geschaffen haben, sozusagen verbogen; wir werden geknickt. Wir werden am Weitergehen gehindert, wo wir gehen wollen, zum Stehen angehalten, wo wir nicht stehenbleiben wollen. Wir dürfen uns nicht hinlegen, wo es uns beliebt, sollen nicht essen, was uns schmeckt, nicht trinken, was uns subjektiv angenehme Zustände verschafft. Wir sollen unser Tempo in allem, was wir tun, beschleunigen, sollen uns nicht „gehen lassen". Wir sollen uns „dem Trend der Zeit" anpassen (von dem niemand weiß, was er bedeutet), sollen unser Leben planen, uns gegen alle möglichen Unbilden (die niemand wirklich abzuschätzen weiß) versichern, Vorsorge für eine Zukunft treffen (die niemand vorhersehen kann), wir sollen auf unsere Gesundheit achten (die nicht definierbar und gegen „Krankheit" nicht abgrenzbar ist), wir sollen den Gürtel enger schnallen (obwohl sich die meisten von uns ohnedies nicht allzu viel leisten [können]), wir sollen – ja, was denn noch alles?! Wir sind Steinzeitmenschen, angepasst an eine mehr oder weniger stabile Welt, die unter dem Einfluss unserer Zivilisation, welche wir uns – noch einmal – selbst geschaffen haben, allerdings in die Brüche gegangen ist. Aber diese Zivilisation selbst ist in jüngster Zeit brüchig geworden. Auch wenn sie immer schon gefährdet war, so deutlich wie heute hat sich ihre Brüchigkeit noch nie gezeigt.

Auf der einen Seite verstärkt unsere heutige Zivilisation bloß die in uns schlummernden, in der Steinzeit erworbenen Verhaltensanlagen auf geradezu hypertrophe Weise, auf der anderen Seite jedoch vergewaltigt sie alles, was dem Steinzeitmenschen in uns an Antrieben – nicht zuletzt an Antrieben zum Wohlbefinden – eigen ist. Zweitgenanntes überwiegt heute, allem Anschein nach. „Steinzeit" ist negativ besetzt, wer will schon (noch) in der Steinzeit leben?! Wir sind ja schließlich „modern"! Aber genau diese selbstverordnete „Modernität" wird uns allmählich zum Verhängnis; viele von uns spüren es bereits, und viele „objektive" Tatbestände weisen in diese Richtung.

Es ist also an der Zeit, uns auf die Bedürfnisse unserer eigenen Art zu besinnen und unsere Zivilisation den Bedürfnissen unserer Spezies anzupassen – und nicht umgekehrt! Einige Impulse dazu hoffe ich mit diesem Buch geben zu können. In gewissem Sinne, das ist mir klar, stehe ich hier nur am Anfang einer Wanderung, bei der noch viele Kilometer zurückzulegen sind, sofern diese Wanderung überhaupt ein Ziel erreichen wird. Aber viele – hier zum Teil auch zitierte – Stimmen verheißen Hoffnung. Sollten wir es schaffen, die Schweine aus ihrer Misere in den modernen Tierfabriken zu befreien, dann sollte es uns auch (im letzten Augenblick) gelingen, uns selbst von den Fesseln einer Zivilisation zu lösen, die dabei ist, unser *Mensch-Sein* zu zerstören und auf die Funktion des Hausschweins zu reduzieren. Die Evolution kennt, wie auf S. 89 gesagt wurde, gar viele Sackgassen. Wollen wir aber tatenlos zusehen, wie wir selbst in eine dieser vielen Sackgassen geraten – nein, schlimmer noch, wollen wir denn absichtlich in eine Sackgasse abbiegen?! Niemand von uns wünscht das. Dann aber sollten wir handeln, in unserem individuellen Interesse, das letztlich unserer ganzen Art zugutekommen könnte. „Artgerechte Menschenhaltung" ist noch ein recht junges Thema, aber es liegt sozusagen in der Luft. Man spürt es geradezu. Es wird sich lohnen, ihm im Weiteren größere Aufmerksamkeit zu schenken. Schließlich geht es dabei um nicht weniger als die Frage, ob es uns gelingen wird, unseren eigenen Bedürfnissen gemäß zu leben, die in langen Zeiträumen „geformt" wurden, nun aber, in einer verwirrten Welt, von unseren finsteren Artgenossen unterdrückt werden.

GLOSSAR

ALTRUISMUS: Im Sinne der → Soziobiologie jedes Verhalten eines beliebigen Lebewesens, welches die Überlebenschancen anderer auf eigene Kosten erhöht. Gegensatz zu → Egoismus. Im allgemeinen Sprachgebrauch wird darunter Hilfe und Unterstützung anderer verstanden. Bei vergesellschafteten Lebewesen (einschließlich des Menschen) spielt dabei vor allem der reziproke A., die auf Gegenseitigkeit beruhende Hilfe, eine wichtige Rolle.

ARTGERECHT: Jede Organismen-Art ist durch ihre eigenen Merkmale, nicht zuletzt Verhaltensmerkmale gekennzeichnet. Werden derartige artspezifische Merkmale und Bedürfnisse beschnitten, beispielsweise bei Tieren in Gefangenschaft, entwickeln diese „ungewöhnliche" Verhaltensweisen, gehen in ihren Käfigen „sinnlos" auf und ab, verweigern die Nahrung und so weiter. Unter artgerechter Tierhaltung versteht man die Unterbringung von Nutztieren in Behausungen oder im Freiland, die sie zu keinen „nervösen Reaktionen" veranlassen, sondern ihnen zumindest den Eindruck vermitteln, ihrer Art gerecht zu leben. Ein besonderes Problem ergibt sich dabei beim Menschen. Er wurde von keiner anderen Art domestiziert (→ Domestikation), sondern hat versucht, sich durch seine → Zivilisation selbst zu zähmen. Allerdings ist ihm dieses Projekt nicht gelungen.

BEHAVIORISMUS: Eine in den Verhaltenswissenschaften des 20. Jahrhunderts sehr einflussreiche Richtung, wonach alle Lebewesen als „unbeschriebene Blätter" zur Welt kommen und ausschließlich durch Umwelteinflüsse geformt werden. Der B. spielte vor allem in den Sozial- und Erziehungswissenschaften eine bedeutende Rolle, weil er die Veränderung des Menschen durch gezielte Umwelteingriffe in Aussicht stellte. Zu einer → Ideologie stilisiert, hat der B. im Rahmen verschiedener politischer Programme große Beachtung gefunden und findet sie zum Teil noch heute. Wissenschaftlich hat er sich aber als unhaltbar erwiesen.

BIPEDIE: Die für den Menschen typische Fortbewegung auf nur zwei, den hinteren Extremitäten. In verschiedenen Tiergruppen entstanden, stellt die B. beim Menschen eine besondere Lokomotionsform dar, mit der die spezielle Ausprägung der Vordergliedmaßen als universell brauchbare Instrumente der Objektmanipulation einhergeht.

BURNOUT: Ein in neuerer Zeit gebräuchlicher Ausdruck, der das allgemeine „Ausgebranntsein" eines Menschen charakterisiert, mit Gefühlen von Müdigkeit und Sinnlosigkeit bis zur Depression. Noch ist das B.-Syndrom nicht in allen Einzelheiten verstanden. Auch Definitionen des B. sind eher unscharf. Wenig Zweifel besteht aber darin, dass der mit B. bezeichnete Zustand eine Folge von Überanstrengung, Arbeitsüberlastung, beruflicher und privater Überforderung darstellt und zu den → Zivilisationskrankheiten zu zählen ist. B. ist auch aus früheren Jahrhunderten nachgewiesen, seine Häufung in den letzten Jahrzehnten ist aber signifikant.

DOMESTIKATION: Züchtung von Tieren und Pflanzen, genau gesagt durch künstliche Auslese bewirkte Umwandlung von Wildformen in Haustiere und Kulturpflanzen. Im Prozess der D. züchtet der Mensch Tieren und Pflanzen Merkmale an, die sich in freier Natur, durch → natürliche Auslese nicht ausgebildet hätten. Wiederholt wurde auch die Frage aufgeworfen, inwieweit der Mensch ein „domestiziertes Tier" sei, ein Lebewesen, das sich selbst domestiziert hat. In seiner → Zivilisation hat der Mensch jedenfalls (Verhaltens-)Merkmale entwickelt, die ihn seiner Art zunehmend entfremden.

DIVERSITÄT: Vielfalt. In der Biologie (Biodiversität) Vielfalt der Arten, auch genetische Vielfalt und Vielfalt von Lebensräumen. Darüber hinaus kulturelle Vielfalt. Die heutige Zivilisation westlicher Prägung droht D. zu zerstören – mit unabsehbaren Folgen für Natur und → Kultur.

EGOISMUS: Im Sinne der → Soziobiologie jedes Verhalten eines beliebigen Lebewesens, welches dessen eigene Überlebenschancen auf Kosten anderer erhöht. Im allgemeinen Sprachgebrauch wird mit E. das Handeln eines Menschen charakterisiert, der nur seine eigenen Interessen verfolgt und auf andere keine Rücksicht nimmt. E. ist Bestandteil der menschlichen Natur, kann aber unter den Bedingungen der → Zivilisation (Ellbogenprinzip, Leistungsdruck und so weiter) pathologische Züge annehmen.

EMOTION: Gefühl. Zum Komplex der Gefühlswelt gehören beispielsweise Angst, Zorn, Besorgnis, Freude, Verzweiflung, Scham, Liebe, Hass, Abscheu, Schuldgefühle und Schmerz. E. entstehen im vegetativen Nervensystem (Eingeweidenervensystem) und sind unbewusste Reaktionen auf innere und/oder äußere Reize. Sie sind elementarer Bestandteil im Leben des Menschen und anderer Tiere. Beim

Menschen der Vernunft vorgelagert, können sie aber nicht als deren Gegensatz aufgefasst werden. Auch vernünftige Entscheidungen werden von E. beeinflusst.

ENTMÜNDIGUNG: Im juristischen Sinn die Beschränkung oder Aufhebung der Geschäftsfähigkeit einer Person, der aus unterschiedlichen Gründen (zum Beispiel fortschreitende Demenz) eigenständiges beziehungsweise verantwortungsvolles Handeln nicht mehr zugetraut werden kann. Im weiteren (sozialphilosophischen, sozialpolitischen) Sinn bedeutet E., wie in diesem Buch verstanden, das Unterwerfen des Individuums unter staatliche Zwänge, die institutionelle Regelung seiner persönlichen Belange auch dort, wo auf Seiten des Individuums kein Bedarf danach besteht (Zwangsbeglückung).

EVOLUTION: Allgemein Entwicklung, in der Biologie die Veränderung der Organismen-Arten (einschließlich des Menschen) in mehr oder weniger langen Zeiträumen. E. beruht auf der Verschiedenheit der Individuen einer Art, ihre hauptsächlichste Triebkraft ist die → natürliche Auslese. In einem speziellen Sinn bezeichnet der Ausdruck E. auch den kulturellen Wandel (kulturelle Evolution) beim Menschen.

GENTECHNIK: Gesamtheit der Methoden zur Analyse, gezielten Veränderung und Neukombination von Genen (Erbfaktoren, Abschnitten auf der DNA, die erblich bestimmte Merkmale kodieren).

GLOBALISIERUNG: Ein Prozess, der die internationale Zusammenarbeit vor allem im Bereich der Politik und Wirtschaft charakterisieren soll. Ferner bedeutet G. den praktisch ungebremsten Austausch zwischen Völkern und Kulturen, Reisefreiheit und so weiter. G. bedeutet aber auch, dass multinationale Konzerne ihre Produktion in Länder mit niedrigem Lohnniveau auslagern und ihren Profit auf Kosten billiger Arbeitskräfte maximieren. Schließlich soll das Märchen vom „globalen Dorf" über seine eigenen Bedürfnisse und die Bedürfnisse seiner (kleinen) Gemeinschaft hinwegtäuschen.

HALBNOMADEN: Menschliche Gesellschaften, die sich zwar da und dort mittel- bis längerfristig niederlassen, aber ihre nomadisierende Lebensweise insgesamt nicht aufgegeben haben, zum Beispiel Hirtenvölker, die mit ihren Schaf- oder Ziegenherden so lang herumwandern, bis sie eine einigermaßen erträgliche Nahrungsquelle für sich selbst und ihre Tiere gefunden haben, um aber, wenn die Nahrungsquelle versiegt, wieder weiterzuwandern. Sicher waren auch manche Menschenpopulationen der Altsteinzeit Halbnomaden in dem Sinn, dass sie sich gelegentlich und vorübergehend an Orten niederließen, an denen ihnen reichhaltige Nahrungsquellen sicher waren.

HOMININI: In neuerer beziehungsweise jüngster Zeit in der → Paläoanthropologie gebräuchlicher Begriff für die Vorfahrenlinie der Menschen, denen der Tribus der Schimpansen als „Panini" gegenübergestellt wird. (Umstritten ist die Zuordnung der Gorillas zu den „Panini" – einige Forscher ordnen sie einem eigenen Tribus zu, den „Gorillini".) In der traditionellen Systematik wurden (und werden teils immer noch) „Menschenartige" als Familie der Hominidae klassifiziert und die Menschen-affen (Schimpanse, Bonobo, Gorilla, Orang-Utan) in der Familie der Pongidae zusammengefasst. Neuere genetische Untersuchungen belegen jedoch, dass Bonobos, Schimpansen und Gorillas näher mit dem Menschen verwandt sind als mit Orang-Utans.

HOMINISATION: Menschwerdung. Gesamtheit der Prozesse, die zur Entstehung von Menschen im Allgemeinen und des modernen Menschen (→Homo sapiens) im Besonderen geführt haben. Die H. umfasst einen Komplex von anatomischen, physiologischen, ökologischen, psychischen, sozialen und kulturellen Faktoren.

HOMO SAPIENS: Einzige rezente Spezies der Menschen (→ Hominini). H. s. weist ein stammesgeschichtliches Alter von etwa hundertfünfzigtausend Jahren auf, ihren Ausgangspunkt hatte seine Entwicklung in Afrika.

HYPERTROPHIE: In Biologie und Medizin überproportionale Vergrößerung von Geweben und Organen, zum Beispiel infolge erhöhter Leistungssteigerung, die letztlich zum Aussterben des betreffenden Organismus führen kann. Analog dazu wird im vorliegenden Buch die → Zivilisation mit ihren heutigen Auswüchsen als eine H. behandelt.

IDENTITÄT: Die Summe aller einen Menschen individuell kennzeichnenden Merkmale, ferner aber auch die Bindung eines Menschen an eine Gruppe, mit der er sich solidarisch weiß. Gruppen-I. führt häufig zum Gruppenzwang (Konformismus). Für das Individuum ist ein Gefühl der I. unverzichtbar, über die Solidarität mit einer Gruppe („Wir-Gefühl") kann sie allerdings zur Diskriminierung und zu Feindseligkeiten gegen alle Gruppenfremden führen (→ Pseudofamilie).

IDEOLOGIE: Jedes beliebige Ideensystem mit wertenden Aussagen über gesellschaftliche beziehungsweise kulturelle Strukturen. Im Allgemeinen liegt einer I. das Bestreben zugrunde, diese Strukturen, notfalls mit Gewalt, zu ändern. Eine I. ist nicht an wissenschaftliche Erkenntnisse gebunden, kann diese aber sehr wohl zu ihrer Unterstützung heranziehen, was häufig genug mit teils katastrophalen Fehldeutungen solcher Erkenntnisse einhergeht. Auch Religionen sind in gewissem Sinne I. Sie stiften ein gemeinsames Band durch den Glauben an etwas, das sich wissenschaftlich nicht beweisen lässt. Außerdem streben Religionen – wie derzeit der islamische Fundamentalismus – durchaus eine (radikale) Veränderung gesellschaftlicher Zustände an.

KOMMUNIKATION: Allgemein Verständigung, Austausch von Nachrichten. K. ist ein Wesensmerkmal der Lebewesen, die auf sehr unterschiedliche Weise (zum Beispiel optisch und akustisch) Signale aussenden und empfangen. Ein besonderes – und in der Welt der Lebewesen einmaliges – Kennzeichen der K. ist beim Menschen die Verständigung mittels Technologien der K.: Sender und Empfänger von Nachrichten kommunizieren nicht im direkten Kontakt miteinander, sondern über einen zwischengeschalteten „Apparat".

KULTUR: Gesamtheit der Fertigkeiten und außerkörperlichen Strukturen (Schrift, Ornamente, Werkzeuge, Bauwerke und so weiter), die der Mensch erzeugt und an nachfolgende Generationen weitergibt. Über materielle K. (Werkzeugherstellung) verfügen auch andere Primaten, vor allem Schimpansen. Im engeren Sinn – als System von Symbolen, abstrakten Ideen, Moralvorstellungen und so weiter – bleibt K. auf den Menschen beschränkt.

MASSE: Hier nicht im physikalischen, sondern im psychologischen und soziologischen Sinn verstanden: Menschenmenge, hinter der das Individuum zurücktritt, nicht erkennbar wird, sondern nur „mitläuft". Die „Mitglieder" einer M. geben ihre → Identität weitgehend auf, projizieren ihr eigenes Handeln in das der anderen, gehen ihrer Urteilsfähigkeit verlustig und sind zu Handlungen (vor allem Gewalttaten) fähig, die sie allein nicht durchführen würden. In der M. fehlt jede primäre soziale Kontrolle (→ Primärgruppe), der Einzelne sieht sich von jeder Eigenverantwortung entbunden. Die heutigen M.-Gesellschaften in den Millionen- und Megastädten müssen daher als Pulverfass erscheinen, als unkontrollierte – und letztlich unkontrollierbare –, gewaltige Menschenansammlungen, deren Eigendynamik ungeheure Exzesse bewirken kann.

NATÜRLICHE AUSLESE: Selektion. Wichtigste Triebfeder der biologischen → Evolution. Die n. A. wirkt auf der Grundlage zufällig entstandener Individuen, sie fördert die jeweils tauglichen und benachteiligt oder eliminiert die untauglichen Individuen. „Tauglichkeit" hat nichts mit Körperkraft zu tun, sondern bezieht sich ganz allgemein auf Eigenschaften eines Individuums, die diesem im Wettbewerb mit anderen Artgenossen Vorteile verschaffen.

NEOLITHISCHE REVOLUTION: Jungsteinzeitliche Revolution. Sie markiert den Übergang von der aneignenden zur produzierenden Lebensweise. An die Stelle des Jagens und Sammelns treten, in Verbindung mit Sesshaftigkeit, Ackerbau und Viehzucht. Die n. R. setzte vor rund fünfzehntausend Jahren im Vorderen Orient ein und breitete sich – allerdings ungleichförmig – auf andere Regionen der Erde aus. Noch heute existieren aber – wenngleich immer weniger werdende – Jäger-und-Sammler-Gesellschaften („Wildbeuter"), die den Prozess der n. R. nicht mit vollzogen haben.

NOMADEN: Menschen, die Nahrungsressourcen, vor allem jagdbarem Wild, folgen, aber auch dorthin ziehen, wo essbare Pflanzen (Früchte) verfügbar sind, sich jedoch auch sogleich weiterbegeben, wenn die Nahrungsressourcen erschöpft sind. Die N. waren typische Jäger und Sammler der älteren → Steinzeit. Sie waren sehr mobil, obwohl man

annehmen darf, dass sie sich dort, wo sie reiche Nahrungsquellen aufspürten, auch längerfristig niederließen (→ Halbnomaden).

PALÄOANTHROPOLOGIE: Teilgebiet der Paläontologie
(der Wissenschaft vom Leben der „Vorzeit"). Sie beschäftigt
sich mit dem fossilen Menschen, seinen Arten und Unter-
arten und deren verwandtschaftlichen Beziehungen, seiner
geografischen Verbreitung und seiner Lebensweise. Die P.
ist mit vielen anderen Disziplinen der Bio- und Geowissen-
schaften verbunden und stützt sich bei der Rekonstruktion
der → Hominisation unter anderem auf Fossilien, aber ebenso zum Beispiel auf molekularbiologische Befunde.

PRIMÄRGRUPPE: Kleinste soziale Einheit, die aus etwa einem Dutzend intensiv miteinander interagierender Individuen besteht; Familie, engster Freundeskreis.

PRIMATEN: Herrentiere, die rezent mit etwa dreihundertfünfzig Arten vertretene Ordnung der Säugetiere, zu der
unter anderem die Menschenaffen und der Mensch zählen. Manche moderne Primatenforscher plädieren dafür,
die Menschenaffen zu den Menschen zu zählen, sie in eine
Gemeinschaft von Gleichen aufzunehmen. Die Stammesgeschichte der P. begann, der fossilen Überlieferung zufolge,
vor rund sechzig Jahrmillionen, reicht aber möglicherweise
noch weiter zurück.

PSEUDOFAMILIE: Die ideologisch bedingte (→ Ideologie)
Ausweitung eines familiären Zusammengehörigkeitsge-
fühls auf (abstrakte) soziale Einheiten, zum Beispiel Staaten.
Dabei lassen sich Menschen durch äußere Ähnlichkeiten
wie etwa Uniformen täuschen: Sie denken sich alle gleich
gekleideten und dieselben (ideologischen) Ziele verfolgen-
den Menschen als mit ihnen „verwandt". Die Wurzel der

Neigung, sich P. anzuschließen, liegt in dem Bedürfnis, irgendwo dazugehören zu wollen. Anschluss zu P. suchen nicht zuletzt Menschen, die keinen familiären Halt im eigentlichen Sinn erfahren durften.

REBELLION: Aufruhr, Auflehnung, Empörung, Widerstand gegen die Staatsgewalt. Eine R., so wie sie in diesem Buch verstanden wird, bedeutet nicht mehr und nicht weniger als den Aufstand des Einzelnen gegen die von ihm empfundenen Missstände. Dabei kann er mit anderen genauso fühlenden Menschen Zweckgemeinschaften bilden, die aber keinen totalen Umsturz, sondern eine schrittweise Änderung der herrschenden Zustände wollen, dabei jedenfalls keine Gewalt anwenden, sondern durch gezieltes Verweigern ihre Anliegen artikulieren.

REVOLUTION: Allgemein Umsturz, Umwälzung; jede plötzliche Veränderung insbesondere gesellschaftlicher beziehungsweise politischer Zustände, die gewaltsam herbeigeführt werden kann. Der Ausdruck R. kann sich auch auf umwälzende wissenschaftliche Ergebnisse oder technologische Innovationen beziehen. Eine R. bricht nicht plötzlich und unvermittelt aus, sondern ist Folge des Zusammenwirkens einzelner Prozesse zum Beispiel im gesellschaftlichen Bereich, die aber oft nicht erkannt werden und deren Zusammenwirken daher für den Beobachter überraschend kommt. Oft ist eine R. als solche überhaupt erst im Nachhinein erkennbar beziehungsweise erscheint sie erst sehr viel später als solche (→ neolithische Revolution), während ihren Akteuren gar nicht bewusst war, dass sie eine R. in Gang setzen.

SOZIALISATION: Prozess in der Entwicklung des Individuums, der diesem jene psychischen und mentalen Eigenschaften verschafft, welche für das Leben in einer gegebenen

Gesellschaft erforderlich sind. Unter „gelungener" S. wird im Allgemeinen verstanden, dass das Individuum in seine Gesellschaft gut integriert ist, deren Bedürfnisse versteht und sich als Teil dieser Gesellschaft sieht. In einem „objektiv" moralischen Sinn muss das allerdings nichts bedeuten: Das Individuum kann auch in einer Verbrecherorganisation sozialisiert sein.

SOZIOBIOLOGIE: Studium des sozialen Verhaltens der Lebewesen einschließlich des Menschen auf evolutionsbiologischer und genetischer Grundlage. Schlüsselthemen der S. sind beispielsweise egoistisches Verhalten (→ Egoismus), Kooperation, gegenseitige Hilfe, Bevorzugung von Verwandten.

STEINZEIT: Die längste Epoche der Geschichte des Menschen. Sie beginnt vor knapp drei Jahrmillionen mit dem Auftreten der ersten Menschen, die Steinwerkzeuge herstellten, und endet regional höchst unterschiedlich: vor achttausend bis tausend Jahren. Der Ausdruck S. bezieht sich auf die Herstellung von Geräten aus Stein und ist etwas irreführend, da zumal in den späteren Phasen der S. auch andere Materialien (Tierknochen, Hirschgeweih) bearbeitet wurden. Ganz grob lässt sich die S. in die Altsteinzeit (Paläolithikum) und die Jungsteinzeit (Neolithikum) unterteilen.

STRESS: Wörtlich „Druck", „Beanspruchung", „Anspannung". Ein bei allen Lebewesen vorkommendes Phänomen, das als Alarmreaktion (bei gesteigerter Absonderung von Wirkstoffen unter dem Einfluss bestimmter Hormone) charakterisiert werden kann. S. wird durch bestimmte äußere Reize hervorgerufen und stimuliert körperliche und psychische Reaktionen, die helfen sollen, bestimmte Anforderungen zu meistern. Als Über- oder Dauerbelastung hat S.

schädliche körperliche und psychische Folgen. Häufig wird zwischen gutem und schlechtem S. unterschieden (Eustress und Disstress).

SYMPATHIEGRUPPE: → Primärgruppe.

TECHNOLOGIE: Gesamtheit der Werkzeuge, Geräte und Techniken, die ursprünglich der Ausbeutung und Bearbeitung von Ressourcen dienten, heute aber, wie etwa die Kommunikationstechnologie, auch andere Zwecke erfüllen. T. ist gebunden an ausgereifte kognitive Fähigkeiten und steht in ihrer Entwicklung in direktem Zusammenhang mit gesellschaftlichen Prozessen (Arbeitsteilung).

ÜBERREGULIERUNG: Darunter wird in diesem Buch jene Tendenz staatlicher und überstaatlicher Organisation verstanden, das öffentliche Leben über das notwendige Maß hinaus zu regulieren. Man mag über das „notwendige Maß" streiten, es ist nicht exakt auszumachen. Allerdings bedürfen viele unserer Handlungen im Alltagsleben keiner Regelung, weil praktisch jeder von uns in der Lage ist, sie seiner eigenen Intuition zufolge „richtig" auszuführen. Ü. führt zum Ersticken jeder spontanen, kreativen Aktion und erweist sich daher als schädlich für das Individuum wie für die Gesellschaft (→ Entmündigung).

ZIVILISATION: Gesamtheit jener „Strukturen" (Wirtschaft, Technologie, Moral, Recht und so weiter), die der Mensch seit dem Übergang vom Jagen und Sammeln zu einer produzierenden Lebensweise geschaffen hat. So gesehen begann der Prozess der Z. mit der → neolithischen Revolution, während die Anfänge von → Kultur (mit Werkzeugherstellung, Gebrauch des Feuers, Jagdtechniken und so weiter) schon wesentlich früher anzusetzen sind und Kultur zum Teil auch nichtmenschlichen → Primaten zuzusprechen ist. Im allgemeinen Sprachgebrauch bezeichnet Z. oft auch eine verfeinerte Lebensweise. Der Prozess der Zivilisation kann gewissermaßen als Vorgang der Selbstdomestikation des Menschen aufgefasst werden (→ Domestikation). In der Z. lebt der Mensch unter Rahmenbedingungen, die seiner Gattung die längste Zeit fremd waren und ihn heutzutage zunehmend überfordern.

ZIVILISATIONSKRANKHEITEN: Krankheiten, die auf das Leben in der → Zivilisation zurückzuführen sind. Solche Krankheiten sind von anderen Krankheiten allerdings oft nicht leicht abzugrenzen. Bewegungsmangel und einseitige sowie überreiche Ernährung mit ihren Folgeerscheinungen sind aber typische Phänomene der → Zivilisation. In neuerer Zeit führt sie vor allem durch eine enorme Beschleunigung in allen Lebensbereichen auch zu psychischen Erkrankungen (→ Burnout), die sich ebenso in körperlichen Gebrechen manifestieren. Manche Erkrankungen des Menschen können deshalb als Z. eingestuft werden, weil sie erst in einem Lebensalter auftreten, welches steinzeitliche Menschen (oder auch noch Menschen im Mittelalter) nicht erreicht haben.

LITERATURVERZEICHNIS

Das Literaturverzeichnis ist zwar nach Kapiteln gegliedert, manche der erwähnten Arbeiten sind aber für verschiedene Kapitel des Buches relevant. Jede Publikation wird nur einmal erwähnt. Abgesehen von Fachartikeln und einigen älteren Werken habe ich vor allem auf gut zugängliche Literatur Bezug genommen. Manches, was ich zu den einzelnen Themen dieses Buches gelesen habe, ist vielleicht nur in meinem „Hinterkopf" präsent. Niemand, der meint, dass ich seine Arbeiten hätte erwähnen sollen (sie aber nicht erwähnt habe), möge sich beleidigt fühlen. Ebenso wie niemand, der hier ausdrücklich zitiert wird, irgendeine Verantwortung für meine eigenen Schlussfolgerungen trägt. Sicher sind in dieses Buch auch viele Gedanken eingeflossen, die ich in Gesprächen mit Gleichgesinnten und Andersdenkenden entwickeln durfte, Gesprächen, die mir im Einzelnen kaum noch gegenwärtig sind.

EINLEITUNG

Bernhard, T. (1988): **Heldenplatz**. Suhrkamp, Frankfurt/M.

Geißler, K. A. (2012): **Enthetzt Euch!** In: Universitas 67: 5–29.

Lorenz, K. (1983): **Der Abbau des Menschlichen.** Piper, München.

Nietzsche, F. (1983): **Unzeitgemäße Betrachtungen.** In: Werke in vier Bänden. Band 3. Caesar, Salzburg.

Reutterer, A. (2005): **Die globale Verdummung. Zum Untergang verurteilt?** Springer, Wien–New York.

1. DER GEBORENE NOMADE

Bailey, D. H. und Geary, D. C. (2009): **Hominid Brain Evolution.** In: Human Nature 20: 67–79.

Brown, L. R. (11997): **Full House: the Shadow of Global Scarcity.** In: Gardels, N. (Hrsg.): The Changing Global Order. Blackwell Publishers, Oxford, 145–148.

Büchner, L. (1891): **Das goldene Zeitalter oder Das Leben vor der Geschichte.** Allgemeiner Verein für Deutsche Literatur, Berlin.

Cela-Conde, C. J. (1996): **Bipedal/Savanna/Cladogeny Model. Can It Still Be Held?** In: History and Philosophy of Life Sciences 18: 213–224.

Darwin, Ch. (1871 [1966]): **Die Abstammung des Menschen.** Kröner, Stuttgart.

Diamond, J. (1998): **Der dritte Schimpanse. Evolution und Zukunft des Menschen.** Fischer Taschenbuch Verlag, Frankfurt/M.

Duncker, H.-R. (2011): **Die Entwicklung der Menschen zu Sprach- und Kulturwesen.** In: Universitas 66: 17–36.

Eberhardt, H. und Spitzer, M. (2010): **Gehirn und Menschwerdung.** In: Naturwissenschaftliche Rundschau 63: 565–570.

Henke, W. und Rothe, H. (2003): **Menschwerdung.** Fischer Taschenbuch Verlag, Frankfurt/M.

Henke, W. (2009): „**Licht wird fallen auf den Ursprung des Menschen**" – **Paläoanthropologie und Menschenbild.** In: Wuketits, F. M. (Hrsg.): Wohin brachte uns Charles Darwin? Lenz, Neu-Isenburg, 67–102.

Junker, T. (2011): **Die 101 wichtigsten Fragen: Evolution.** Beck, München.

Junker, T. und Paul, S. (2009): **Der Darwin-Code. Die Evolution erklärt unser Leben.** Beck, München.

Paul, S. (2012): **Paläopower. Das Wissen der Evolution nutzen für Ernährung, Gesundheit und Genuss.** Beck, München.

Reichholf, J. H. (2012): **Warum die Menschen sesshaft wurden. Das größte Rätsel unserer Geschichte.** Fischer Taschenbuch Verlag, Frankfurt/M.

Roth, G. (2010): **Wie einzigartig ist der Mensch? Die lange Evolution der Gehirne und des Geistes.** Spektrum Akademischer Verlag, Heidelberg.

Schmitz, R. W. und Thissen, J. (2000): **Neandertal. Die Geschichte geht weiter.** Spektrum Akademischer Verlag, Heidelberg–Berlin.

Schrenk, F. (2009): **Woher wir kommen. Von Menschenaffen und Affenmenschen.** In: Elsner, N., Fritz, H.-J., Gradstein, R. und Reitner, J. (Hrsg.): Evolution. Zufall und Zwangsläufigkeit der Schöpfung. Wallstein, Göttingen, 363–384.

Schrenk, F. (2009): **Paläoanthropologie.** In: Bohlken, E. und Thies, Ch. (Hrsg.): Handbuch Anthropologie. Metzler, Stuttgart–Weimar, 197–207.

Sommer, V. (2000): **Von Menschen und anderen Tieren. Essays zur Evolutionsbiologie.** Hirzel, Stuttgart–Leipzig.

Sommer, V. (2003): **Wir sind alle Afrikaner.** In: Die Weltwoche Nr. 31: 4–5.

Stix, G. (2009): **Wie hat sich die Menschheit ausgebreitet?** In: Spektrum der Wissenschaft, September: 58–65.

Wong, K. (2012): **First of Our Kind?** In: Scientific American 306 (4): 20–29.

Wuketits, F. M. (2010): **Wie der Mensch wurde, was er isst. Die Evolution menschlicher Ernährung.** Hirzel, Stuttgart.

Zeller, F. J. und Hsam, S. L. K. (2010): **Die Domestizierung der für die Menschheit wichtigsten Getreidearten Mais, Weizen und Reis.** In: Naturwissenschaftliche Rundschau 63: 229–239.

2. DAS GEBORENE KLEINGRUPPENWESEN

Alexander, R. D. (1987): **The Biology of Moral Systems.** Aldine de Gruyter, New York.

Allman, W. F. (1999): **Mammutjäger in der Metro. Wie das Erbe der Evolution unser Denken und Verhalten prägt.** Spektrum Akademischer Verlag, Heidelberg–Berlin.

Aronson, E. (1984): **The Social Animal.** Freeman, New York.

Dunbar, R. (2010): **The Social Brain and Its Implications.** In: Frey, U. J., Störmer, Ch. und Willführ, K. P. (Hrsg.): Homo Novus – A Human Without Illusions. Springer, Heidelberg–Dordrecht–London–New York, 65–77.

Hernegger, R. (1981): **Gesellschaft ohne Kollektiv-Identität.** Leudemann, München.

Junker, T. (2006): **Die Evolution des Menschen.** Beck, München.

Kilian, A. (2009): **Egoismus, Macht und Strategien. Soziobiologie im Alltag.** Alibri, Aschaffenburg.

Lumsden, Ch. und Wilson, E. O. (1983): **Promethean Fire. Reflexions on the Origin of Mind.** Harvard University Press, Cambridge/Mass.–London.

Meyer, P. (1987): **Universale Muster sozialen Verhaltens: Wie entstehen aus genetischer Variabilität strukturell ähnliche Lösungen?** In: HOMO 38: 133–144.

Morris, D. (1968): **Der nackte Affe.** Droemersche Verlagsanstalt, München–Zürich.

Nunner-Winkler, G. (2009): **Identität.** In: Bohlken, E. und Thies, Ch. (Hrsg.): Handbuch Anthropologie. Metzler, Stuttgart–Weimar, 352–356.

Pomp, D. W. (1990): **Sozialisation und Ontogenese – ein biosoziologischer Ansatz.** Parey, Berlin–Hamburg.

Reynolds, V., Falgar, V. S. E. und Vine, I. (Hrsg., 1986): **The Sociobiology of Ethnocentrism. Evolutionary Dimensions of Xenophobia, Discrimination, Racism and Nationalism.** The University of Georgia Press, Athens.

Schiller, F. (1885): **Schillers sämtliche Werke in fünfzehn Bänden. Band 12.** Cotta'sche Bibliothek der Weltliteratur. Stuttgart.

Verbeek, B. (2004): **Die Wurzeln der Kriege. Zur Evolution ethnischer und religiöser Konflikte.** Hirzel, Stuttgart–Leipzig.

Voland, E. (2007): **Die Natur des Menschen. Grundkurs Soziobiologie.** Beck, München.

Vollmer, G. (2000): **Auswege aus der „evolutionären Falle". Können wir den sozialen Mesokosmos verlassen?** In: Universitas 55: 871–884.

Wuketits, F. M. (1993): **Wir Menschen sind Affen – und verhalten uns auch so.** In: Psychologie heute 20 (4): 58–65.

Wuketits, F. M. (2002): **Was ist Soziobiologie?** Beck, München.

Wuketits, F. M. (2010): **Wie viel Moral verträgt der Mensch? Eine Provokation.** Gütersloher Verlagshaus, Gütersloh.

Wuketits, F. M. (2011): **Evolutionäre Ethik. Die Naturgeschichte von Gut und Böse.** In: Biologie in unserer Zeit 41:
334–340.

3. DIE ZIVILISATION – EIN
IRRTUM DER EVOLUTION?

Basalla, G. (1988): **The Evolution of Technology.**
Cambridge University Press, New York–New Rochelle–
Melbourne–Sydney.

Bonera, F. (1990): **Das Schwein. Geschichte, Symbolik,
Legende.** Amber Verlag, Grünwald.

Diamond, J. (2006): **Kollaps. Warum Gesellschaften
überleben oder untergehen.** Fischer Taschenbuch Verlag,
Frankfurt/M.

Elias, N. (1976): **Über den Prozeß der Zivilisation.
Soziogenetische und psychogenetische Untersuchungen.
2 Bände.** Suhrkamp, Frankfurt/M.

Galbraith, J. K. (1962): **The Affluent Society.** Penguin
Books, Harmondsworth.

Heier, M. (2011): **Nocebo: Wer's glaubt wird krank. Wie
man trotz Gentests, Beipackzetteln und Röntgenbildern
gesund bleibt.** Hirzel, Stuttgart.

Koestler, A. (1968): **Das Gespenst in der Maschine.** Molden,
Wien–München–Zürich.

Koestler, A. (1978): **Der Mensch – Irrläufer der Evolution.
Die Kluft zwischen unserem Denken und Handeln –
eine Anatomie menschlicher Vernunft und Unvernunft.**
Scherz, Bern–München.

Lorenz, K. (1973): **Die acht Todsünden der zivilisierten
Menschheit.** Piper, München.

Marks, S. (2009): **Es ist zu laut! Lärm – Geißel der
modernen Zivilisation.** In: Universitas 64: 445–461.

Meyer, P. (1994): **The Evolution of the State: Necessity and Frustration.** In: Politics and the Life Sciences 12: 23–25.

Oeser, E. (1987): **Psychozoikum. Evolution und Mechanismus der menschlichen Erkenntnisfähigkeit.** Parey, Berlin–Hamburg.

Riedl, R. (1987): **Kultur – Spätzündung der Evolution?** Piper, München.

Szent-Györgyi, A. (1971): **Der fehlentwickelte Affe oder Die Unfähigkeit des Menschen, mit seinen Problemen fertig zu werden.** Bertelsmann, Gütersloh–Wien.

Tomasello, M. (1999): **The Human Adaptation for Culture.** In: Annual Review of Anthropology 28: 509–529.

Verbeek, B. (1994): **Die Evolution vom Bock zum Gärtner oder: Die Zivilisation war ein Irrtum.** In: Universitas 49: 165–180.

Wimmer, A. und Kirschbichler, K. (2012): **Der geknickte Mensch. Wenn die Seele den Rücken quält.** In: Medizin populär Heft 2: 8–13.

Watzlawick, P. (1986): **Vom Schlechten des Guten oder Hekates Lösungen.** Piper, München–Zürich.

Wuketits, F. M. (1999): **Warum uns das Böse fasziniert. Die Natur des Bösen und die Illusionen der Moral.** Hirzel, Stuttgart–Leipzig.

Wuketits, F. M. (2001): **Der Affe in uns. Warum die Kultur an unserer Natur zu scheitern droht.** Hirzel, Stuttgart–Leipzig.

Wuketits, F. M. (2006): **Vom Überleben der Läufer. Evolution und Bewegung.** In: Minimal Invasive Chirurgie 15 (1): 9–10.

Wuketits, F. M. (2009): **Evolution ohne Fortschritt. Aufstieg oder Niedergang in Natur und Gesellschaft.** Alibri, Aschaffenburg.

Wuketits, F. M. (2011): **Schwein und Mensch. Die Geschichte einer Beziehung.** Westarp Wissenschaften, Hohenwarsleben.

Zierer, O. (1970): **Kultur- und Sittenspiegel. Band 2: Völkerwanderung und Mittelalter.** PRISMA Verlag, Gütersloh.

4. DIE VERMASSUNG DES INDIVIDUUMS

Albert, H. (1980): **Traktat über kritische Vernunft.** Mohr, Tübingen.

Canetti, E. (1960): **Masse und Macht.** Claassen, Düsseldorf.

Carson, H. L. (1993): **Human Genetic Diversity, a Critical Resource for Man's Future.** In: Biology & Philosophy 8: 33–45.

Gehlen, A. (1957): **Die Seele im technischen Zeitalter. Sozialpsychologische Probleme in der industriellen Gesellschaft.** Rowohlt, Hamburg.

Le Bon, G. (1932): **Psychologie der Massen.** Kröner, Leipzig.

Lewontin, R. (2000): **It Ain't Necessarily So. The Dream of the Human Genome and Other Illusions.** Granta Books, London.

Leydesdorff, L. (1993): **Is Society a Self-Organizing System?** In: Journal of Social and Evolutionary Systems 16: 331–349.

Maasen, S. (2006): **Entscheiden Sie sich! Wie Ratgeber den Willen trainieren – gestern und heute.** In: Fink, H. und Rosenzweig, R. (Hrsg.): Freier Wille – frommer Wunsch? Gehirn und Willensfreiheit. Mentis, Paderborn, 219–237.

Ortega y Gasset, J. (1929 [1958]): **Signale unserer Zeit. Essays.** Europäischer Buchklub, Stuttgart–Salzburg.

Popper, K. R. (1984): **Auf der Suche nach einer besseren Welt. Vorträge und Aufsätze aus dreißig Jahren.** Piper, München.

Riesman, D. (1950 [1958]): **Die einsame Masse. Eine Untersuchung der Wandlungen des amerikanischen Charakters.** Rowohlt, Hamburg.

Sloterdijk, P. (1999): **Regeln für den Menschenpark. Ein Antwortschreiben zu Heideggers Brief über den Humanismus.** Suhrkamp, Frankfurt/M.

Vaas, R. (2010): **„Werde, der du bist!" – Unterwegs zu sich selbst.** In: Universitas 65: 592–611.

Verbeek, B. (1999): **Wie erziehbar ist der Mensch?** In: Universitas 54: 152–162.

Wimmer, M. (2004): **Gestörtes Gleichgewicht, symbolische Ordnung: Biologische und soziokulturelle Dimensionen der Interaktion von Emotion und Kognition.** In: Soziale Systeme 10: 50–72.

5. EINE FATALE BESCHLEUNIGUNG

Block, J. J. (2008): **Editorial: Issue for DSM-V: Internet Addiction.** In: The American Journal of Psychiatry 165: 306–307.

Braun, H.-J. (2005): **Die 101 wichtigsten Erfindungen der Weltgeschichte.** Beck, München.

Camus, A. (1942 [1991]): **Der Mythos von Sisyphos. Ein Versuch über das Absurde.** Rowohlt, Hamburg.

Cube, F. v. (2000): **Gefährliche Sicherheit. Lust und Frust des Risikos.** Hirzel, Stuttgart–Leipzig.

Eibl-Eibesfeldt, I. (1988): **Der Mensch – das riskierte Wesen. Zur Naturgeschichte menschlicher Unvernunft.** Piper, München–Zürich.

Freudenberger, H. J. (1974): **Stuff burn-out.** In: Journal of
Social Issues 30: 159–165.

Frisch, M. (1957): **Homo faber. Ein Bericht.** Suhrkamp,
Frankfurt/M.

Geißler, K. A. (2000): **Das Unbehagen in der Zeitkultur.**
In: Universitas 55: 1125–1130.

Geißler, K. A. (2003): **Ticken wir noch richtig? Über den
Wert der Zeit.** In: Universitas 58: 709–719.

Glotz, P. (1999): **Kritik der Entschleunigung.** In: Neue
Gesellschaft/Neue Frankfurter Hefte, Heft 7: 621–628.

Hassenstein, B. und Hassenstein, H. (1978): **Was Kindern
zusteht.** Piper, München.

Hauptmann, W. (1998): **Recht als Produkt der kulturellen
Evolution.** In: Schwind, H.-D., Kube, E. und Kühne, H. H.
(Hrsg.): Festschrift für Hans Joachim Schneider. DeGruy-
ter, Berlin–New York, 483–509.

Heeg, S. (2009): **Megacitys – am Rande des Kollaps?**
In: Universitas 64: 995–1011.

Kerber, B. (2001): **Die übermüdete Gesellschaft.**
In: Psychologie heute 28 (8): 60–67.

Kirschbichler, K. (2011): **Arbeiten Sie sich krank?
Burnout-Fallen, auf die Sie achten sollten.**
In: Medizin populär Heft 10: 16–21.

Mersch, P. (2006): **Evolution, Zivilisation und
Verschwendung. Über den Ursprung von Autos, Banken
und Mobiltelefonen.** Books on Demand, Norderstedt.

O'Keefe, J. H. und Cordain, L. (2004): **Cardiovascular
Desease Resulting From a Diet and Lifestyle at Odds
With Our Paleolithic Genome: How to Become a
21st-Century Hunter-Gatherer.** In: Mayo Clinic
Proceedings 79: 101–108.

Ohmae, K. (1997): **China's 600,000 Avon Ladies.** In: Gardels, N. (Hrsg.): The Changing Global Order. Blackwell Publishers, Oxford, 212–223.

Röschke, J. und Mann, K. (1998): **Schlaf und Schlafstörungen.** Beck, München.

Spengler, O. (1931 [1971]): **Der Mensch und die Technik. Beitrag zu einer Philosophie des Lebens.** Beck, München.

Vilgis, T. (2012): **Macht essen krank? Ein kurzes Plädoyer für mehr Gelassenheit und viel mehr Genuss.** In: Universitas 67: 65–71.

Walter, H. (2010): **Die totale Erschöpfung. Differentialdiagnose und Behandlung des Burn-Out-Syndroms.** In: Ärzte-Woche 23 (47): 10–11.

Weis, K. (Hrsg., 1998): **Was treibt die Zeit? Entwicklung und Herrschaft der Zeit in Wissenschaft, Technik und Religion.** Deutscher Taschenbuch Verlag, München.

Wuketits, F. M. (2009): **Bild und Evolution. Bilder: Des Menschen andere Sprache.** In: Sachs-Hombach, K. (Hrsg.): Bildtheorien. Anthropologische und kulturelle Grundlagen des Visualistic Turn. Suhrkamp, Frankfurt/M, 17–30.

6. EINE BESINNUNG AUF DAS „MENSCH–SEIN"

Antweiler, Ch. (2007): **Was ist den Menschen gemeinsam? Über Kultur und Kulturen.** Wissenschaftliche Buchgesellschaft, Darmstadt.

Antweiler, Ch. (2011): **Mensch und Weltkultur. Für einen realistischen Kosmopolitismus im Zeitalter der Globalisierung.** Transcript Verlag, Bielefeld.

Berger, U. (1997): **Migrationen. Ursachen und Entwicklungen.** In: Universitas 52: 769–778.

Carneiro, R. (1978): **Political Expansion as an Expression of the Principle of Competitive Exclusion.** In: Cohen, R. und Service, E. R. (Hrsg.): Origins of the State: The Anthropology of Political Evolution. Institute for the Study of Human Issues, Philadelphia, 205–223.

Dahrendorf, R. (2002): **Welt ohne Halt.** In: Universitas 57: 23–41.

X | Ditfurth, H. v. (1989): **Innenansichten eines Artgenossen. Meine Bilanz.** Claassen, Düsseldorf.

Goldinger, H. (2011): **Globalisierung: Chimäre und Täuschung.** In: Aufklärung und Kritik 18 (2): 99–113.

Harris, M. (1997): **Menschen. Wie wir wurden, was wir sind.** Deutscher Taschenbuch Verlag, München.

Herder, J. G. (1957): **Joh. Gottfried Herder. Mensch und Geschichte. Sein Werk im Grundriß** (Hrsg. Koch, W. A.). Kröner, Stuttgart.

Kanitscheider, B. (2008): **Entzauberte Welt. Über den Sinn des Lebens in uns selbst. Eine Streitschrift.** Hirzel, Stuttgart.

Kanitscheider, B. (2011): **Das hedonistische Manifest.** Hirzel, Stuttgart.

Kant, I. (1798 [1968]): **Anthropologie in pragmatischer Hinsicht. Werke. Band 10.** Wissenschaftliche Buchgesellschaft, Darmstadt.

Liessmann, K. P. (2006): **Theorie der Unbildung. Die Irrtümer der Wissensgesellschaft.** Zsolnay, Wien.

Mäckler, A. und Schäfers, Ch. (Hrsg., 1989): **Was ist der Mensch ...? 1111 Zitate geben 1111 Antworten.** DuMont, Köln.

Martin, H.-P. und Schumann, H. (1998): **Die Globalisierungsfalle: Der Angriff auf Demokratie und Wohlstand.** Rowohlt, Reinbek.

Masters, R. D. (1988): **Evolutionsbiologie, menschliche Natur und politische Philosophie.** In: Meier, H. (Hrsg.): Die Herausforderung der Evolutionsbiologie. Piper, München–Zürich, 251–289.

Oehler, J. (Hrsg., 2010): **Der Mensch – Evolution, Natur und Kultur. Beiträge zu unserem heutigen Menschenbild.** Springer, Heidelberg–Dordrecht–London–New York.

Reusch, S. (Hrsg., 2011): **18 Antworten auf die Frage nach dem Glück. Ein philosophischer Streifzug.** Hirzel, Stuttgart.

Russell, B. (1967): **The Problems of Philosophy.** Oxford University Press, Oxford–London–Glasgow.

Schwemmer, O. (1995) **Towards a Science of Man.** In: Götschl, J. (Hrsg.): Revolutionary Changes in Understanding Man and Society. Scopes and Limits. Kluwer Academic Publishers, Dordrecht–Boston–London, 129–146.

Stürmer, M. (2002): **Zwischen Modernität und Nostalgie.** In: Universitas 57: 42–44.

Wuketits, Maria und Wuketits, F. M. (2001): **Humanität zwischen Hoffnung und Illusion. Warum uns die Evolution einen Strich durch die Rechnung macht.** Kreuz Verlag, Stuttgart.

Wuketits, F. M. (1995): **Entwurzelte Seelen. Biologische und anthropologische Aspekte des Heimatgedankens.** In: Universitas 50: 11–24.

7. ARTGERECHTE MENSCHENHALTUNG

Baldachur, R. (2001): **Der Stille Tod. Menschheit zwischen Demenz und Dementi.** ATHENA-Verlag, Oberhausen.

Carbone, L. (2004): **What Animals Want. Expertise and Advocacy in Laboratory Animal Welfare Policy.** Oxford University Press, Oxford–New York.

Dawkins, M. (2008): **The Science of Animal Suffering.** In: Ethology 114: 937–945.

Eco, U. (1990): **Streichholzbriefe.** Hanser, München–Wien.

Eibl-Eibesfeldt, I. (1995): **Wider die Mißtrauensgesellschaft. Streitschrift für eine bessere Zukunft.** Piper, München–Zürich.

Elschenbroich, D. (2001): **Die Verheißungen der frühen Jahre (Interview).** In: Psychologie heute 28 (8): 34–38.

Feyerabend, P. (1980): **Erkenntnis für freie Menschen.** Suhrkamp, Frankfurt/M.

Gühlich, D. (2009): **Langeweile: Die produktive Kraft.** In: Psychologie heute 36 (3): 24–29.

Hoffmann, A. (1972): **Die Stadt als Ausweg.** In: Gadamer, H.-G. und Vogler, P. (Hrsg.): Neue Anthropologie. Band 3: Sozialanthropologie. Thieme und Deutscher Taschenbuch Verlag, Stuttgart–München, 314–381.

Ising, H. und Kruppa, B. (2001): **Zum gegenwärtigen Stand der Lärmwirkungsforschung: Notwendigkeit eines Paradigmenwechsels.** In: Umweltmedizinische Forschung und Praxis 6 (4): 1–9.

Orwell, G. (1949 [1976]): **1984.** Roman. Ullstein, Frankfurt/M.–Berlin–Wien.

Plutchik, R. (2001): **The Nature of Emotions.** In: American Scientist 89: 344–350.

Radnitzky, G. (1998): **Für ein politikfreies Zusammenleben.** In: Aufklärung und Kritik, Sonderheft 2: 5–27.

Riedl, R. (2004): **Meine Sicht der Welt.** Seifert, Wien.

Rössner, H. (Hrsg., 1986): **Der ganze Mensch. Aspekte einer pragmatischen Anthropologie.** Deutscher Taschenbuch Verlag, München.

Schmidt-Salomon, M. (2005): **Manifest des evolutionären Humanismus. Plädoyer für eine zeitgemäße Leitkultur.** Alibri, Aschaffenburg.

Schmidt-Salomon, M. (2012): **Keine Macht den Doofen. Eine Streitschrift.** Piper, München.

Ströhle, A. (2012): **Der moderne Mensch, ein Gefangener des Paläolithikums? Eine kritische Analyse der evolutionsmedizinischen Mismatch-Theorie.** In: Naturwissenschaftliche Rundschau 65: 9–21.

Vaas, R. (2010): **Gefühle und Vernunft. Das emotionale Gehirn im Fokus der Forschung.** In: Universitas 65: 885–907.

Wimmer, M. (2008): **Emotionsdynamik und Subjektivität.** In: Janssen, J.-P. (Hrsg.): Wie ist Psychologie möglich? Alber, Freiburg–München, 109–123.

Wimmer, M. und Ciompi, L. (Hrsg., 2005): **Emotion – Kognition – Evolution. Biologische, psychologische, soziodynamische und philosophische Aspekte.** Filander, Fürth.

Wolf, J.-C. (2005): **Tierethik. Neue Perspektiven für Menschen und Tiere.** H. Fischer, Erlangen.

Wuketits, F. M. (1998): **Wo bleibt das „liberale Rasiermesser"? Ein Plädoyer für Aufklärung, Freiheit und Eigenverantwortung.** In: Aufklärung und Kritik 5 (1): 34–49.

PERSONEN- UND SACHREGISTER

Häufiger vorkommende Sachbegriffe sind nur für diejenigen Seiten nachgewiesen, auf denen sie zum ersten Mal und/oder in einem bestimmten Zusammenhang vorkommen beziehungsweise näher bestimmt werden (→ dazu auch das Glossar, S. 227–241).

A

Ackerbau 40
Affekte 105
Afrika 35
Alexander, R. D. 46
Allmann, W. 58
Alpha-Tiere 93
Altruismus 51
anonyme Massen-
gesellschaften 46
(→ Massenmensch)
Anthropologie 28
Anthropotechnologie 112
Antweiler, Ch. 178, 181
Arbeitnehmerschutz 76
Ardipithecus ramidus 35

Aristippos von Kyrene .. 220
Atomkraftwerke 157
Aufklärung 192
aufrechter Gang 28
(→ Bipedie)
Aussterben 89
Australopithecus 35
– africanus 36
– anamensis 36
– robustus 36
Auto 79, 207, 213

B

Basalla, G. 68
Bedürfnisse 85
Behaviorismus 108

Bernhard, T. ....16 f.
Beschleunigung ..17, 115, 125
Bevölkerungs-
vermehrung 43
Bildung 175
Bipedie 29
Bollnow, O. F. 15
Bologna-Prozess 175
Bonera, F. 75
Braun, H.-J. 127
Büchner, L. 34
Burnout 144
Bürokratisierung 104
(→ Gesetze,
Regulierungswut)

C
Camus, A. 150
Canetti, E. 102
Carneiro, R. 183
Ciompi, L. 192
Cro-Magnon-Mensch 38
Cube, F. von 158

D
Dahrendorf 182
Darwin, Ch. ....27 ff., 35
75, 108, 114
Dauerstress 148
Demokratie, direkte 201
Depression 148
Diamond, J. 90
Ditfurth, H. von 171
Diversität 112
Doping 115

Dorfgemeinschaften 59
Drittes Reich 153, 170, 180

E
Eco, U. ....204 f.
Egoismus 51
– pathologischer 52
Eibl-Eibesfeld, I. ....153 f., 212
Eigenverantwortung 185
Einsamkeit 104
Elias, N. .... 87 f.
Ellbogengesellschaft 52
Elschenbroich, D. 139
Emotionen 105
Entmündigung .... 19, 168 ff.
Erwartungsdruck 20
Erziehung 109
Essen 131, 165
– gemeinsames 132
Europäische Union 98
118, 175
Evolution 27, 43, 69
86, 89, 91, 119
– Zickzack-Kurs 86
– des Menschen .... 27 ff.
– kulturelle 78, 197
– soziale 53
Extremsportarten 157
Exzessiv-Bildungen 80

F
Familie 62
Familienberatung 62
Familiensolidarität 61
Flugzeuge 142

Fortschritt,
technologischer 68
Freud, S. 93
Frisch, M. 161
Fußgängerzonen 213

G
Galbraith, J. K. 83
Gedächtnis, kulturelles ..198
Gefühle .... 219 ff.
(→ Emotionen)
Gehirn 30, 81
– hypertrophes Organ 81
– Luxusorgan 81
– Sitz der Persönlichkeit ...31
– Vergrößerung 30
Gehlen, A. ....103 f.
Geissler, K. H. ....17 f., 140
143 f.
Gemeinschaft 45, 53
Genozid 56
Gentechnik III
Geschwindigkeits-
wahn ....141 ff.
Gesetze 154
Getreide 41
Ghettos 58
Globalisierung 164, 172
Glück 165
Goethe, J. W. von ...5, 133, 191
„goldenes Zeitalter" 34
Größenwahn 17
Großkonzerne 164
Gruppenidentität 54
(→ Wir-Gefühl)

H
Haeckel, E. 27
Halbnomade 33
Hände 31
Hauptmann, W. 155
Hausschwein 73
Heier, M. 72
Heimatgefühl 179
Herder, J. G. .... 45, 189 f.
Hilfe, gegenseitige 53
Hirngespinste 91
historische Kontinuität ...16
Hitler, A. 133
Hochleistungssport 115
Hofmann, H. 213
Hominini 29
Hominisation 30
Homo 36
– erectus 36
– habilis 36
– heidelbergensis 37
– neandertalensis 38
– sapiens 26
Homo faber 161
Huxley, T. H. 27
Hypertrophie 80

I
Ideologien 91
Imperialismus 180
Individualität 10
Individuum .... 10, 93 ff.
106, 121
– seine Einmaligkeit 114
Infantilisierung 99

Information 22
Informationsgesellschaft .. 72
interaktive Medien 134
Irrationalität 219

J
Jagd 31
Jagdgesellschaften 52
Jäger 31, 79
jungsteinzeitliche
Revolution 39

K
Kanitscheider, B. 220
Kant, I. 25, 192
Katharina die Große 167
Koestler, A. 5, 65, 81
Kohr, L. 185
Kolonialismus 180
Kommunikation 22
– sprachliche 28
Kommunikations-
technologie(n) 22, 134
Konformismus 97
Kooperation 53
Kosmopolitismus 61, 178
Kultur 77
– als Ventil natürlicher
Anlagen 78
kulturelle Kontinuität 134
Kyrenaiker 220

L
Langsamkeit 139
Lärm 151

Leonardo da Vinci 142
Lernen 108
Lessing, G. E. 163
Lorenz, K. .... 73 f., 125, 151

M
McDonaldisierung 174
MAIDS 129
Maschine 128
Masse 102
Massenmedien 23, 100
Massenmensch 95
Masters, R. 184
Megastädte 126, 218
Mensch .... 163 ff.
– domestiziertes Tier 75
– geborener Läufer 142
– Kleingruppenwesen .. 45 ff.
                               217
– soziales Lebewesen 45
– nach Maß 113
– „äffischer" Ursprung 26
– „Sonderstellung" 28
– „Verhausschweinung" ...73
Menschenhandel 180
Menschenrechte 192
Menschenzüchtung 108
Menschwerdung ....
                    (→ Hominisation)
Migrationshypothese ....
                   (→ Out-of-Africa)
Milon von Kroton 116
Miterleben 55
Mitlaufen 103
Mittelalter 67

Montesquieu, Ch. 203
Morris, D. ....46 ff.
Multitasking 131
mündiger Bürger............. 94

N
Natur .... 77 ff.
natürliche Auslese 114
Neandertaler........................
(→ Homo neandertalensis)
Nehmen und Geben 53
Nepotismus 61
Nietzsche, F. ....15 f.
Nomade 33
Non-Stopp-Gesellschaft ..132
Nutztiere 40

O
Ortega y Gasset, J. .... 95 f.
117, 202
Orwell, G. 153, 198, 221
Out-of-Africa 37

P
Paläoanthropologie 29
„Patendlösung".................82
Paul, S. 86, 145, 148
Platon III
Plattenbauten,
sozialistische 212
Poe, E. A. ....75 f.
Popper, K. R. 117
Primärgruppe 48
Primaten 26
Primatenforschung 28

Pseudofamilien 55
psychische
Erkrankungen 20

R
Rangordnung 47
Rauschmittel 42
Reformen 16
Regulierungswut 19
Reichholf, J. .... 42 f.
Reusch, S. 166
Reutterer, A. 169, 219
Revolution 200
Riedl, R. 87, 94
Riesman, D. .... 96 f.
Ritzer, G. 174
Rossini, G. 145
Roth, G. 28
Rousseau, J.-J. 34
Rückenschmerzen 69
Russell, B. 168
Russells Huhn 168

S
Sammler 31
Schiller, F. 54
Schlaf............................. 132
Schlafbedürfnis,
individuelles 133
Schmidt, H. 101
Selbstorganisation 87
Selbstverwaltung 185
Selektion ..(→ natürl. Auslese)
Selye, H. 147
Sesshaftigkeit 40

Sexualität 77
Siesta 133
Sisyphos 150
Sloterdijk, P. 112
soziale Nähe 105
sozialer Überdruck 105
sozialer Unterdruck 105
Sozialisation 59
Soziobiologie 51
Spengler, O. ....127 f.
Staat 117, 201, 203
Städtebau 211
Stalinismus 153
Stammesgesellschaften ...59
Stress 147
– akuter 148
Superlative 138
Sympathiegruppe 48

T
Tempodrom 18
Toleranzgedanke 192

U
Überleben 22, 150
Übermüdung 133
Überregulierung 156
Überwachungskameras .. 156
Uferwälder 26
Urängste 157
Urbanität 215
Utopie 66, 108

V
Vererbung und Umwelt .. 110

Vermassung 93
(→ Massenmensch)
Viehzucht 40
Virtualität 134
Voland, E. 57, 61
Voltaire, F. M. 5, 167

W
Watson, J. B. .... 108 f.
Watzlawick, P. 82
Weltkultur 181
Weltregierung 183
Werbung 79
Wimmer, M. 192
Wir-Gefühl 54, 57
Wirtschaft 120
Wohlbefinden 18, 194
212, 214

Z
Zierer, O. 67
Zivilisation 21, 62, 223
– hypertrophes Organ 85
– Irrtum
der Evolution .... 65 ff.
– Prozess der
Selbstorganisation 87
– Annehmlichkeiten 66
– Kosten .... 73 ff.
– technische 9
Zivilisationskrankheiten ...69
Zwangsbeglückung 209
Zwangsfütterung 116
Zweckgemeinschaften .. 209
Zweiklassenmedizin 71

Dirk Althaus
DIE POSTFOSSILE EPOCHE
Weiterleben auf dem Blauen Planeten
14,95 € (D)
15,40 € (A)
ISBN 978-3-938396-06-3

„Man muss mit dem Verfasser nicht immer einer Meinung sein. Aber die Lektüre seiner Schrift ist unbedingt lohnend. Ob man will oder nicht: Nach der Lektüre sieht man nicht nur seine Umwelt, sondern auch sich selbst ein wenig anders – vermutlich richtiger."   Prof. Dr. Meinhard Miegel

Bernhard G. Suttner
DIE 10 GEBOTE
Eine Ethik für den Alltag im 21. Jahrhundert
7,95 € (D)
8,20 € (A)
ISBN 978-3-938396-14-8

„Man muss nicht, kann aber Christ oder Moslem sein, um diese aktuelle kosmopolitische Interpretation der Zehn Gebote gut zu finden. Denn die Maßstäbe für ‚gutes Leben' wurden so individualistisch verengt, dass für die Solidarität mit der Mit-, Um- und Nachwelt kaum Platz mehr übrig bleibt."   Prof. Dr. Peter Hennicke

Kai Ehlers
DIE ZUKUNFT DER JURTE
Kulturkampf in der Mongolei?
Gespräche in Ulaanbaatar mit Prof. Dr. Dorjpagma Sharav und Dr. Ganbold Dagvadorj
14,95 € (D)
15,40 € (A)
ISBN 978-3-938396-01-8

„Für jeden Mongoleireisenden liegt eine hochinformative Lektüre vor, die man vor und nach dem Besuch des Landes zur Hand nehmen sollte, um ein Weltkulturerbe richtig oder besser zu bewerten und das Verständnis für die Erhaltung weltweit einmaliger, aber auch hochgradig gefährdeter Ökosysteme zu wecken."   Prof. Dr. Michael Stubbe

Eselsmilch